망가진 세계에서 우리는

파국의 시대를 건너는
필사적 SF 읽기

무너진 세상을 상상으로 구할 수 있을까

망가진 세계에서 우리는

강양구 지음

북클리거

• 들어가며 •

망가진 세계에서 상상한다는 것

　1980년대 지방의 작은 도시에서 보냈던 어린 시절은 지루했습니다. 방학 때마다 한 달씩 머무르곤 했던 시골 할머니, 할아버지 댁에서는 산으로 들로 쏘다니면서 그 지루함을 달랠 수라도 있었어요. 하지만 도시에서는 도무지 해소할 길이 없었습니다. 동네 골목이나 놀이터에서 또래 친구와 어울리는 데에 큰 재미를 느끼지 못했던 탓도 있었고요.

　그러다 초등학교에 입학하자마자 신세계가 열렸습니다. 학교에는 도서관이 있었거든요. 지금의 기준으로 봐선 아주 열악한 시설이었죠. 책들은 대부분 헤질 정도로 낡았고 정리도 중구난방이었습니다. 하지만 도서관에 드나드는 걸 막는 사람은 아무도 없었습니다. 수업이 끝나자마자 매일 두세 시간씩 도서관에서 책을 읽는 게 일상이 되었죠.

그때 어린 마음을 사로잡았던 책이 바로 SF 소설이었습니다. 그 전까지 제게 SF란 '아톰', '마징가 Z', '건담', '로보트 태권 V', 그리고 '은하철도 999'가 전부였습니다. 그런데 그 도서관에서 접한 책에는 외계인의 침공과 타임머신(H. G. 웰스)이 있었고, 먼 우주를 탐사하는 이야기가 있었고(A. E. 밴 보우트), 인공지능(AI)이 있었습니다(아서 C. 클라크).

지금까지 40년을 이어 온 SF를 좋아하는 감각은, 아마도 열 살 무렵 먼지가 수북이 쌓인 도서관에서 처음 접한 책들에서 비롯되었을 겁니다. 더구나 그런 SF를 읽은 덕분에 10대 내내 과학자를 꿈꿀 수 있었죠. 물론 그 꿈은 이루지 못했고, 지금은 과학과 기술이 사회에 미치는 영향을 취재하고 공부하는 기자가 되었지만요.

***

몇 년 전에 SF를 창작하고 비평하는 몇몇과 어떻게 보면 유치하고 다르게 보면 중요한 논쟁을 벌인 적이 있었습니다. 잔가지를 치고서 핵심만 추리자면, 'SF의 본질은 무엇인가?' 이런 질문으로 요약할 수 있겠습니다. 그때 반대편에 있었던 이들의 답변은 '경이감(sense of wonder)'이었습니다.

경이감의 사전적 정의는 "놀랍고 신기한 느낌"입니다. 유럽에서 과학기술이 발전하고 산업화가 급격하게 진행 중이었던 19세기에 SF가 세상에 등장한 걸 염두에 두면 그들의 주장도 터무니없지는 않습니다. 당시의 SF는 새롭게 등장한 과학기술 인공물과 그에 따른 시대 변화를 소재로 "놀랍고 신기한 느낌"을 독자에게 전했던 게 사실이니까요.

하지만 세상이 변했습니다. 21세기 우리의 삶 속에서 과학기술은 변수가 아니라 상수입니다. 지금의 과학기술은 삶을 구석구석 좌지우지하는 실체입니다. 탄생부터 죽음, 우리의 일상과 밀접하게 엮인 생산(업무)-교통-통신-행정-금융-감시 시스템까지 과학기술과 무관한 것은 없어요. 과학기술 없는 일상을, 또 미래를 상상하는 것조차 어렵습니다.

이렇게 삶 자체가 과학기술과 뗄 수 없다 보니, 과학기술에 기반을 둔 상상력은 곧 지금 여기의 삶을 이야기하는 것과 겹칩니다. 좋은 SF는 현실을 지배하고 제한하는 틀에서 벗어나는 상상력을 극한까지 밀어붙입니다. 또 그런 '분노'와 '성찰'과 '탈주'는 지금과 다른 삶을 상상하도록 자극하죠.

그런 점에서 SF 미학이라는 게 있다면, 그것의 핵심에는 '경이감'이 아니라 정교한 '사고실험'이 있어야 합니다. 지금 우리의 욕망과 과학기술이 데려다 줄 세계를 정교하게 그려 내고, 과연 그것이 최선인지 혹시 다른 가능성은 없는지를 상상하게 하는 그런 사고실험의 결과물이 바로 SF여야 합니다.

다행히 이런 주장이 외로운 목소리는 아니었습니다. 대표적으로 어느새 한국 문단의 허리가 된 장강명 같은 중견 작가가 있습니다. 딱히 이 주제를 놓고서 의견을 나눈 적이 없었는데도 그는 과학기술과 사회의 관계를 진지하게 성찰한 내용을 소설의 허구로 빚어내는 'STS(Science, Technology and Society) SF' 창작을 선언했죠.

사실, SF는 처음부터 STS SF였습니다. 최초의 SF로 꼽히는 메리 셸리의 『프랑켄슈타인』(1818)은 과학기술이 인간의 삶 속으로 막 들어오기 시작하던 때에 '인간이란 무엇인가'를 물었습니다. 지금은 SF를 넘어 문학 고전으로 꼽히는 올더스 헉슬리의 『멋진 신세계』(1932)와 조지 오웰의 『1984』(1949) 역시 당대 과학기술이 초래할 인류의 암울한 미래를 그려 냈죠.

지금 여러분이 펼친 『망가진 세계에서 우리는』은 『프랑켄슈타인』, 『멋진 신세계』, 『1984』를 잇는 SF 열여덟 편을 발굴해서 그 소설이 우리에게 던지는 질문이 무엇인지 소개하고, 오랫동안 과학기술과 사회의 관계를 성찰해 온 저만의 시각으로 답해 보려는 시도입니다. 상상력에 기반을 두고 과학기술과 역사, 정치, 경제, 문화를 넘나드는 읽기를 보여 줄 생각입니다.

노파심에 덧붙이자면, 이 책에 실린 SF를 읽지 않아도 내용을 이해하고 주제 의식에 공감하는 데에는 전혀 문제 될 게 없습니다. 다만, 오랜 SF 독자로서 이 책을 읽고 나서 한 명이라도 책에서 언급한 열여덟 편의 작품을 찾아 읽는다면, 나아가 앞으로 또 다른 SF의 팬이 된다면 더할 나위 없이 기쁘겠습니다.

***

안타깝게도 제목의 "망가진 세계에서"를 보면서 공감하는 독자가 많으리라 생각합니다. 맞습니다. 이번 세기의 첫 25년을 지나면서 인류의 미래를 낙관하기보다는 비관하는 목소리가 커졌습니다. 극심한 불평등, 성별·종교·인종·민족·취향을 놓고서 점증하는 갈등, 극단적인 재앙으로 그 실상을 드러내고 있는 기후 위기, 소셜미디어가 부추기는 극단주의 등.

디스토피아를 전망한 음울한 SF보다 현실이 더 잿빛인 상황이라서 이 책을 쓰면서 어느 때보다도 마음이 아팠습니다. 하지만 그럴 때일수록 오히려 이런 시도가 필요하다고 생각했습니다. 우리가 지금 고민하고, 선택하고, 실천하는 일이 우리의 미래를 좀 더 낫게 만들 수 있으니까요. '정해진' 미래 따위는 없습니다.

이 책을 마감하는 중에 지구 반대편 남아메리카 우루과이의 호세 무히카 전 대통령이 2025년 5월 13일 세상을 떴습니다. 1935년에 태어난 무히카는 평생 우루과이 군사독재에 반대하면서 고초를 겪다가 2010년부터 2015년까지 5년간 대통령으로 재직했습니다. "세상에서 가장 가난한 대통령"으로 불릴 정도로 청렴하고 검소했던 무히카는 부패, 문맹, 빈곤을 줄이는 데에 성공했죠.

퇴임 후에도 "엘 페페(스페인어로 할아버지라는 뜻) 대통령"으로 우루과이 시민에게 사랑받던 무히카는 암이 자신을 갉아먹으며 죽음을 앞둔 상황에서 이렇게 말했습니다.

> "나는 세상을 바꾸려고 노력했지만, 젠장 아무것도 바꾸지 못했어요. 하지만 즐거웠고 내 삶에 의미를 부여했습니다. 나는 행복하게 죽을 겁니다. 꿈꾸고, 그것을 이루고자 싸우면서 시간을 보냈습니다. 두들겨 맞기도 하고 그 밖의 모든 일들을 겪었죠. 상관없어요, 갚을 빚이 없습니다."

무히카는 "망가진 세계에서" 우리가 가져야 할 자세를 보여 줍니다. 저도, 이 책을 읽는 여러분도 각자가 선 자리에서 "젠장 아무것도 바꾸지 못하더라도" 재미있게 꿈꾸고, 싸우면 좋겠습니다. 확신컨대, 그러다 보면 분명히 세상은 조금이라도 나아질 겁니다. 이 책이 그렇게 꿈꾸고 싸우는 데에 작은 불씨가 된다면 저자로서 정말로 기쁘겠습니다.

2025년 6월
강양구

CONTENTS

004　　　들어가며　**망가진 세계에서 상상한다는 것**

1부　리셋 : 우리 사회 무의식을 뒤집다

014　　01 |　**서양의 지배는 역사의 필연일까**
　　　　　　_킴 스탠리 로빈슨 『쌀과 소금의 시대』

026　　02 |　**노인은 쓸모없는 존재인가**
　　　　　　_존 스칼지 『노인의 전쟁』

038　　03 |　**세상이 몰락했는데 소설 따위가 뭐라고**
　　　　　　_에밀리 세인트존 맨델 『스테이션 일레븐』

050　　04 |　**인종은 과학적인 개념인가**
　　　　　　_옥타비아 버틀러 『킨』

062　　05 |　**영원히 살면 행복할까**
　　　　　　_야마다 무네키 『백년법』

076　　06 |　**다름을 배척하고 순수에 집착하면**
　　　　　　_다카노 가즈아키 『제노사이드』

2부　폭로 : 현실을 드러내다

092　　07 |　**휴대전화 비밀번호를 꼭 지켜야 하는 이유**
　　　　　　_코리 닥터로우 『리틀 브라더』

104　　08 |　**기록되지 않은 진실은 어떻게 역사가 되는가**
　　　　　　_켄 리우 「역사에 종지부를 찍은 사람들」

116	09	**도시를 잡아먹는 도시**
		_필립 리브 『모털 엔진』
128	10	**영원한 전쟁을 끝내려면**
		_조 홀드먼 『영원한 전쟁』
144	11	**대정전을 두려워하라!**
		_마크 엘스베르크 『블랙아웃』
160	12	**수돗물이 끊기면 생기는 일**
		_닐 셔스터먼·재러드 셔스터먼 『드라이』

3부 실험: 새로운 세계를 상상하다

176	13	**AI 시대에 우리는 행복해질까**
		_장강명 「저희도 운전 잘합니다」
190	14	**타인의 생각을 읽을 수 있게 된다면**
		_코니 윌리스 『크로스토크』
202	15	**외계인이 있을까요? 네, 바닷속에 있습니다!**
		_존 윈덤 『초키』
218	16	**인류가 지구를 떠나야 한다면**
		_닐 스티븐슨 『세븐이브스』
232	17	**과거로 돌아가 역사를 바꿀 수 있다면**
		_스티븐 킹 『11/22/63』
244	18	**누구를 위한 인공 자궁인가**
		_무라타 사야카 『소멸 세계』

260	**함께 읽기**

280	나가며	**이 세계가 망가지기 전에 무엇이라도**
285	감사의 말	**망가진 세계에서 함께하는 벗들에게**
288	주	

일러두기

1. 이 책에 등장하는 단행본의 경우 국내에 번역 출간된 것은 번역서의 제목을 따랐으나, 출간 연도는 원서의 초판 출간 연도를 따랐다. 각 장의 첫 페이지에 실린 이미지는 SF 소설의 초판본 표지나 해당 작품을 최초로 수록한 정기간행물의 표지를 활용했다.
2. 외래어 표기는 국립국어원의 어문 규정과 용례를 따르되, 관용적으로 굳어진 일부 인명이나 용어에는 예외를 두었다.
3. 단행본, 장편소설은 『』, 중편소설·단편소설, 시, 논문, 보고서는 「」, 신문, 잡지 등 정기 간행물은 《》, 연극, 영화, 드라마는 〈〉를 사용하여 구분했다.

1부

리셋

: 우리 사회 무의식을 뒤집다

01

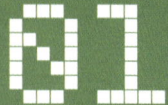

『쌀과 소금의 시대』 _킴 스탠리 로빈슨

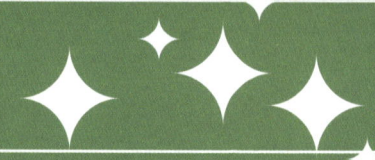

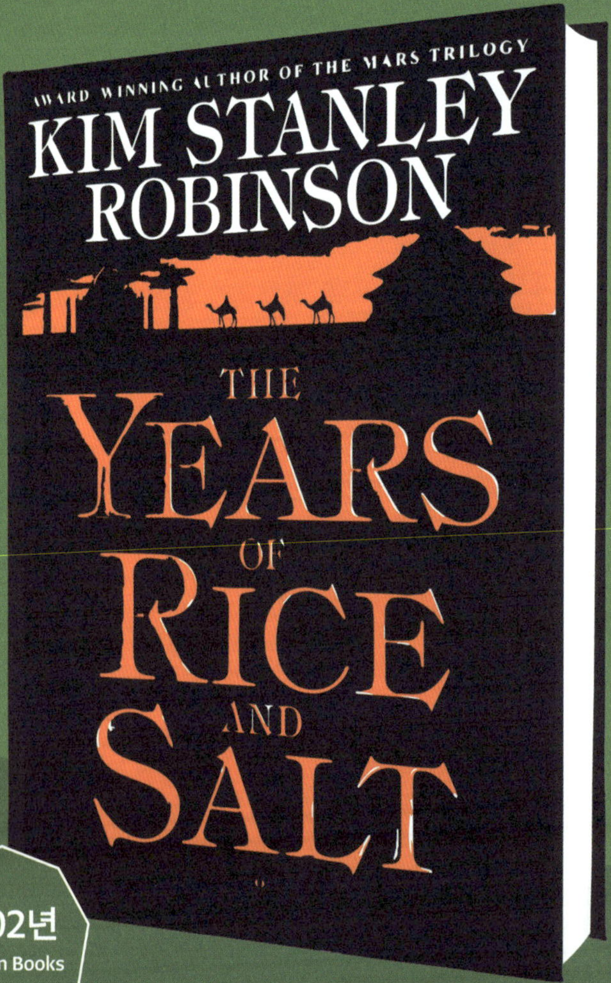

2002년
Bantam Books

서양의 지배는 역사의 필연일까

한순간에 서양이 역사에서 사라진다면 세상은 어떻게 변할까요? 실제로 역사를 살펴보면 이런 일이 있을 뻔했습니다. 14세기 이른바 '흑사병'으로 (최소한으로 잡아도) 유럽 인구 3분의 1이 죽었기 때문이죠. 만약 그때 유럽 인구 대부분이 흑사병의 희생자가 되었더라면 우리는 말 그대로 '서양 없는 세계'에서 살고 있을 겁니다.

킴 스탠리 로빈슨Kim Stanley Robinson의 『쌀과 소금의 시대The Years of Rice and Salt』(2002)는 바로 이렇게 흑사병으로 유럽이 급격히 붕괴하며 서양이 사라진 세계에서 살아가는 보통 사람의 삶을 그린 SF입니다. 서양이 없으니 그 뒤 700년의 세계사는 달라질 수밖에 없어요. 근대 이후 세계사를 주도했던 유럽이 사라지고 나면 그 자리를 차지하는 이들은 누가 될까요?

상상력이 기막힙니다. 원주민이 살던 아메리카 대륙에 발을 들여놓는 '악역'은 유럽 대신 중국이 맡습니다. 신대륙의 이름도 '아메리카'가 아니라 '잉저우(瀛洲)'죠. 진시황이 불로초를 구하러 신하를 보냈던, 신선이 산다는 동쪽 바다의 전설 속 땅의 이름을 붙였습니다. 정화의 원정이 막을 내린 1433년부터 해양을 포기한 중국이 소설에서는 어떻게 태평양을 건넜을까요?

소설 속 명(明)나라 만력제는 임진왜란 때 애를 먹인 일본을 징벌하고자 함대를 보냅니다. 일본을 향하던 함대는 그만 태평양을 서쪽에서 동쪽으로 도는 북태평양해류에 갇히고 말아요. 속수무책으로 해류를 따라가던 그들이 결국 도착한 곳은 오늘날의 미국 샌프란시스코. 소설 속에서 '팡장(方丈)'으로 불리는 이곳은 구대륙과 신대륙이 만나는 첫 지점이 됩니다.

근대 과학혁명은 이슬람 세계의 몫으로 돌아갑니다. 17세기, '중앙아시아의 로마'로 불리던 사마르칸트에서 연금술이 만개합니다. 동서 문명이 교류하던 이곳에 살던 연금술사는 최초로 진공상태를 만들고(보일 대신), 망원경으로 목성의 위성을 관찰하며(갈릴레이 대신), 결국 만유인력의 법칙까지 발견합니다(뉴턴 대신).

산업혁명이 꽃핀 곳은 (영국이 아니라) 인도입니다. 인도는 남서부 케랄라주에 있던 옛 왕국의 이름을 딴 가상의 도시 '트라방코르'를 중심으로 산업화에 성공하면서 중국과 이슬람에 맞서는 신흥 강자로 세계사에 등장해요. 불교 문명에 기반을 둔 인도가 가상의 세계사에서 어떤 역할을 할지 지켜보는 일도 흥미진진합니다.

 중국의 북서부 변두리 간쑤성 란저우에서 사회주의와 여성주의(페미니즘) 이념이 최초로 등장하는 모습도 인상적입니다. 중국과 이슬람 문명의 접경 지역에 살면서 문명 간의 공존을 직접 실천해 온 무슬림-중국인 부부가 내놓은 사회주의와 여성주의는 소설 속에서 인류가 궁극적으로 도달해야 할 이상으로 자리매김해요(19세기 영국의 존 스튜어트 밀과 해리엇 테일러 밀 커플이 떠오르죠).

 서양 없이 전개될 700년의 역사를 생생하게 보여 주는 세 캐릭터도 흥미롭습니다. 이들은 각각 'B', 'K', 'T'로 시작하는 이름을 가지고 환생을 거듭하며 감동의 드라마를 씁니다. 그들이 왕과 신하, 연인 혹은 부부, 장인과 사위, 이모와 조카, 전우와 혁명 동지 등 온갖 관계로 맺어지며 씨줄과 날줄로 엮는 700년의 이야기는 그 자체로 아름답죠.

 이렇게 서양 없이 역사가 전개되는 21세기 유럽 지역의 모습은 어떨까요? 유럽은 서아시아와 북아프리카에서 옮겨 온 이슬람의 땅이 됩니다. 유럽 인구가 흑사병으로 거의 사라지자, 이슬람 세력이 유럽 전역으로 퍼진 것이죠. 하지만 소설에서 그곳은 세계의 다른 지역(아시아와 신대륙)과 비교했을 때 가난한 땅으로 묘사됩니다. 오늘날 풍족한 유럽의 모습과는 정반대입니다.

불과 100년 만에 세상이 변했다

우리는 유럽에서 시작한 서양 문명이 근대 이후 승승장구하는 모습을 보며 서양이 동양을 지배하는 세상을 당연하게 여깁니다. 하지만 소설에서처럼 신대륙 발견, 과학혁명, 산업혁명 등은 서양이 아니라 중국, 중앙아시아(이슬람), 인도의 몫이 될 수도 있었습니다.

여기서 질문이 꼬리를 뭅니다. 왜 현실에서는 서양이 동양을 지배하게 되었을까요? 왜 과학혁명, 산업혁명 같은 변화를 유럽, 그 가운데서도 영국이 주도하게 되었을까요? 이 질문은 오랫동안 동서양의 많은 지식인이 답하고자 노력한 역사의 수수께끼입니다.

놀라지 마세요. 1500년, 즉 16세기 초만 하더라도 인구가 많은 순으로 따져 본 세계 10대 도시(중국 베이징, 인도 비자야나가르, 이집트 카이로, 중국 항저우, 이란 타브리즈, 인도 가우르, 튀르키예 이스탄불, 프랑스 파리, 중국 광저우, 중국 난징)[1] 가운데 유럽 도시는 파리, 딱 한 곳뿐이었어요. 중국이 네 곳(베이징, 항저우, 광저우, 난징)이나 되었죠.

이런 사정은 300년이 지난 1800년, 즉 영국에서 산업혁명이 시작하던 19세기 초에도 마찬가지였어요. 이때도 세계 10대 도시(중국 베이징, 영국 런던, 중국 광저우, 일본 도쿄, 튀르키예 이스탄불, 프랑스 파리, 이탈리아 나폴리, 중국 항저우, 일본 오사카, 일본 교토) 가운데 유럽 도시는 런던, 파리, 나폴리, 세 곳뿐입니다. 중국은 세 곳(베이징, 광저우, 항저우)이 해당되고, 일본도 세 곳(도쿄, 오사카, 교토)이나 포함됩니다.

알다시피 1900년, 즉 20세기 초반이면 상황이 완전히 바뀝니다. 세계 10대 도시(영국 런던, 미국 뉴욕, 프랑스 파리, 독일 베를린, 오스트리아 빈, 미국 시카고, 일본 도쿄, 러시아 상트페테르부르크, 영국 맨체스터, 미국 필라델피아) 가운데 아홉 곳이 유럽(런던, 파리, 베를린, 빈, 상트페테르부르크, 맨체스터)이나 유럽인이 개척한 신대륙(뉴욕, 시카고, 필라델피아)에 있는 도시입니다.

세계 10대 도시의 변화에서 확인할 수 있듯이 19세기 초까지만 하더라도 세계 경제의 주도권은 유럽(서양)이 아니라 동양에 있었습니다. 예를 들어 19세기 초반(1820) 세계 GDP에서 아시아가 차지하는 비중이 59퍼센트였던 데 비해, 유럽과 미국이 차지하는 비중은 28퍼센트에 불과했어요. 20세기 초반(1913)이 되면 100년 만에 이 비중은 아시아 25퍼센트, 유럽과 미국 57퍼센트로 역전됩니다.[2]

심지어 산업혁명의 기초가 된 기술의 수준도 중국이 유럽 못지않았어요.[3] 마크 엘빈Mark Elvin 같은 영국의 역사학자는 이렇게 말합니다. "14세기 초 [원(元)나라 때] 중국 북부 지방에서 널리 이용하던 수력방적기는 18세기 프랑스 방적기와 아주 흡사해서 이 기술의 궁극적 기원이 중국에 있는 것은 아닌지 의심할 정도다." 하지만 산업혁명은 중국 대신 영국에서 일어났죠.

18세기 후반부터 유럽, 특히 영국을 중심으로 진행된 산업혁명의 극적인 효과가 불과 100년 만에 동양과 서양의 힘을 180도 바꿨습니다. 이렇게 동양과 서양의 힘이 역전된 세계사의 변화를 가리

켜 미국의 역사학자 케네스 포메란츠Kenneth Pomeranz는 '대분기(Great Divergence)'라는 의미심장한 이름을 붙였습니다.

대분기, 영국은 어떻게 산업혁명에 성공했을까?

이제 대분기의 이유를 따져 물을 차례예요. 포메란츠는 2000년에 펴낸 책(『대분기 The Great Divergence』)에서 그 원인으로 '석탄'과 '식민지'를 꼽았어요. 풍부한 지하자원(석탄)과 우연히 발견한 식민지(신대륙) 덕분에 영국이 도약에 성공했다는 주장입니다.

포메란츠에 따르면, 노예를 동원해서 만든 식민지의 값싼 곡물, 원료 등이 영국 경제를 지탱했습니다. 또 영국 북서부 지역의 지표면 가까이 묻힌 풍부한 석탄이 새로운 에너지원으로 산업혁명을 뒷받침했고요. 영국이 중국이나 다른 유럽 국가(프랑스, 네덜란드 등)와 비교했을 때, 특별히 잘났다기보다는 단지 '운'이 좋았다는 지적이죠.

여기서 경제학자 로버트 C. 앨런Robert C. Allen이 등장합니다. 앨런은 대분기의 이유를 놓고서 중요한 주장을 펼칩니다. 영국에서 산업혁명이 성공한 결정적 이유는 당시 런던을 비롯한 영국의 노동자 임금이 높았기 때문이라는 의견이에요. 앨런의 설명을 찬찬히 들어보면 고개가 끄덕여집니다.

노동자 대신 물건을 만드는 기계(방적기나 방직기)를 가진 두 나라

(영국, 프랑스)가 있습니다. 한 나라(영국)는 노동자의 임금이 상대적으로 비쌉니다. 다른 한 나라(프랑스)는 노동자의 임금이 쌉니다. 그렇다면 두 나라 가운데 어디가 먼저 노동자를 대체할 기계를 적극적으로 도입할까요? 맞습니다. 노동자의 임금이 비싼 곳(영국)입니다.

  실제로 18세기 후반, 방적기 같은 새로운 발명품의 수준만 놓고 보면 영국보다 프랑스가 오히려 나았어요. 하지만 프랑스는 노동자의 임금이 저렴했기 때문에 굳이 그들 대신 방적기를 도입할 이유가 없었습니다. 반면에 영국은 높은 노동자 임금 때문에 당장 설비에 투자할 돈이 들더라도 방적기를 공장에 설치할 이유가 충분했죠.

  중국도 마찬가지입니다. 쌀이나 밀 농사에 기반을 둔, 중국을 포함한 동아시아 지역은 예전부터 지금까지 세계에서 인구가 가장 많은 곳입니다. 이렇게 사람이 많다 보니 인건비가 낮을 수밖에 없습니다. 실제로 19세기 초반 베이징의 인건비는 런던의 4분의 1 수준이었어요.[4] 값싼 사람을 쓰면 해결할 수 있는 일을 굳이 비싼 값을 치르며 기계로 대체할 필요가 없었죠.

  게다가 영국은 케네스 포메란츠가 주장했듯이 값싼 석탄도 있었습니다. 18세기 후반 영국은 프랑스, 네덜란드뿐만 아니라 중국과 비교했을 때도 에너지(석탄) 가격이 가장 싼 편이었습니다. 값싼 석탄은 공장에서 증기기관을 이용해 기계를 돌리는 일을 더욱더 쉽게 만들었죠. 결국 이렇게 기계(증기기관)와 석탄이 결합한 영국에서 산업혁명이 시작된 것입니다.

석탄의 중요성은 (애초 한 나라였던) 네덜란드와 벨기에를 비교해도 확인할 수 있어요. 영국과 비슷한 수준으로 임금이 높았던 네덜란드는 값싼 석탄을 구할 수 없었기 때문에 산업혁명에 늦었습니다. 반면에 네덜란드 남쪽의 벨기에는 풍부한 석탄을 기반으로 영국을 뒤쫓으며 유럽에서 두 번째로 산업혁명에 성공한 나라가 되었죠.

어떻습니까? 로버트 C. 앨런이 꼽은 대분기의 결정적 이유(높은 인건비와 값싼 석탄)는 케네스 포메란츠를 비롯한 많은 학자의 지지를 받고 있습니다(『대분기』를 펴내고 10년이 지난 2010년에 포메란츠는 자신의 주장을 바꾸고서 앨런의 설명을 격찬했습니다). 앞으로도 여러 논쟁이 꼬리에 꼬리를 물면서 이어지겠지만, 현재로서는 앨런의 설명이 가장 그럴듯해 보입니다.

21세기의 또 다른 대분기

대분기 논쟁을 살펴보면, 킴 스탠리 로빈슨이 『쌀과 소금의 시대』를 쓴 이유가 좀 더 분명해 보입니다. 로빈슨은 우리가 당연하게 생각해 온 '서양이 동양을 지배하는 세상'에 대한 통념을 깨고 싶었어요. 서양이 없더라도 세계사는 정체되기는커녕 훨씬 더 역동적이고 다양한 모습으로 전개될 수 있음을 로빈슨의 상상력을 통해서 확인할 수 있죠.

더 나아가 『쌀과 소금의 시대』는 현실에서 서양이 동양을 지배하게 된 이유를 탐구하도록 자극합니다. 그런 탐구는 뜻밖의 진실을 알려 줍니다. 로버트 C. 앨런의 설명을 다시 해석해 보자면 동양, 특히 중국은 산업혁명을 할 능력이 없었다기보다는 (값싼 인력과 높은 에너지 비용 때문에) 굳이 그 길을 선택하지 않은 것입니다. 물론 그 선택의 대가는 컸지만요.

이처럼 역사를 새롭게 읽으면 현실의 여러 문제도 다르게 보입니다. 13장(「저희도 운전 잘합니다」)에서 살펴보겠지만 로봇, AI의 발달에 따라서 인간의 일자리가 위협받을 가능성이 큽니다. 그런데 하필이면 왜 로봇과 AI는 우리가 하기 싫어하는, 그러니까 위험하고, 지루하고, 대가도 박한 일이 아니라 지금 모두가 선망하는, 돈 많이 버는 '사' 자로 끝나는 화이트칼라 전문직을 노릴까요?

패스트푸드 매장 주방에서 냉동 햄버거 패티를 데우고 뒤집는 일은 기름이 튀어서 화상을 입을 수도 있는 위험한 일이에요. 그 일을 반복하는 일은 재미도 없고, 대가도 적습니다. 지금도 마음만 먹는다면 햄버거 패티 뒤집는 일은 로봇 팔로 대체할 수 있어요. 하지만, 이 순간에도 여전히 햄버거 패티는 쥐꼬리만 한 최저 시급을 받는 아르바이트생이 뒤집습니다. 전 세계의 과학자, 엔지니어가 엄청난 규모의 투자를 받아서 변호사, 변리사, 세무사, 회계사, 의사 등을 대신하는 AI를 개발하는 모습과 대조적이죠?

이렇게 다시 우리는 대분기의 시작점에 서 있습니다.

KIM STANLEY ROBINSON

가장 탁월한 SF 작가
킴 스탠리 로빈슨

킴 스탠리 로빈슨에겐 '현존하는 가장 탁월한 SF 작가'라는 수식어가 따라다닙니다. 『붉은 화성 Red Mars』(1992), 『녹색 화성 Green Mars』(1993), 『푸른 화성 Blue Mars』(1996)으로 구성된 '화성 3부작'은 1990년대의 대표 SF 작품으로 꼽히죠. 2026년 12월 21일, 화성을 식민지로 만들고자 떠난 100명의 인간이 그곳에 정착하는 과정을 추적한 대서사시입니다.

2017년에 펴낸 『뉴욕 2140 New York 2140』도 흥미롭습니다. 이 소설은 제목에서 암시하듯이 메트로폴리스 뉴욕을 무대로 지구 가열과 기후 위기가 인류의 미래를 어떻게 바꿀지를 보여 줍니다(뉴욕이 극단적인 모습의 '수상 도시' 베네치아가 됩니다!). 그는 과학적 사실에 대한 치밀한 묘사에 그치지 않고, 사회·정치·경제를 둘러싼 복잡한 맥락까지 섬세하게 짚어 내는 데 일가견이 있습니다. 그의 작품에는 SF를 통해서 지금의 세상을 조금이라도 더 나은 방향으로 변화시키고자 하는 소망이 담겨 있죠.

안타깝게도 국내에서는 킴 스탠리 로빈슨의 작품을 접하기가 어렵습니다. 2007년에 나왔던 『쌀과 소금의 시대』는 도서관에서만 구할 수 있고, '화성 3부작'의 첫 번째 이야기 『붉은 화성』도 2016년에 앞부분만 번역되고 나서 감감무소식이에요. 『뉴욕 2140』도 한국어로 읽기는 어려워 보이고요. 로빈슨의 좀 더 많은 소설을 한국어로 읽을 수 있기를 희망해 봅니다.

02

『노인의 전쟁』 _존 스칼지

2005년
Tor Books

노인은
쓸모없는 존재인가

75세 생일에 나는 두 가지 일을 했다. 아내의 무덤에 들렀고, 군에 입대했다.

존 스칼지 John Scalzi 의 『노인의 전쟁 Old Man's War』(2005)은 이렇게 시작합니다. 강렬합니다. 곧바로 궁금증이 떠오릅니다. '도대체 75세 노인이 어떻게 군에 입대할 수 있을까?' 이 소설은 바로 이런 통념을 깨는 독특한 설정으로, 2005년에 나오자마자 전 세계 SF 독자를 사로잡았습니다. 스칼지는 이 데뷔작으로 순식간에 가장 인기 있는 SF 작가로 떠올랐고요.

『노인의 전쟁』의 주인공은 75세 생일을 맞은 존 페리입니다. 그는 사랑하는 아내 캐시를 먼저 떠나보냈고, 자신도 죽을 날만 기다리고 있는 평범한 노인이에요. 그런데 그의 앞에는 한 가지 선택지가 더 있습니다. 바로 특별한 군대에 입대하는 일이죠. 그 군대의 이름은 '우주 개척 방위군'입니다.

미래의 어느 시점에 인류는 드디어 우주 개척에 나서게 됩니다. 그러면서 인류는 외계 문명의 고도로 발달한 과학기술을 접하게 되죠. 외계의 앞선 기술은 인류의 개척 활동에 강력한 추진력이 됐고, 결국 우주 곳곳에 식민지를 건설한 인류는 '우주 개척 연맹'을 만들기에 이릅니다.

하지만 여기서 반전이 있어요. 소설 초입에 묘사된 존 페리의 지구는 21세기 초의 모습과 크게 다르지 않아요. 왜일까요? 이미 독자적인 정치 세력이 된 우주 개척 연맹은 상상을 초월하는 새로운 과학기술을 지구와 공유하지 않습니다. 우주 개척 연맹은 그런 과학기술을 지구와 공유하면 전쟁이나 테러 등에 쓰여서 지구가 결딴날 위험이 있다는 핑계를 대죠.

그 대신 우주 개척 연맹은 일부 호전적인 외계 문명으로부터 지구를 보호하겠다고 약속합니다. 물론 지구도 대가를 치러야죠. 지구는 우주 개척 연맹의 군대(우주 개척 방위군)를 유지할 인력을 공급하기로 약속합니다. 놀랍게도 우주 개척 연맹이 원하는 인력은 10대나 20대의 젊은이가 아닙니다. 죽을 날이 얼마 남지 않은 75세의 노인! 지구로서도 거부할 이유가 없습니다.

어떤가요? 흥미진진하지 않습니까? 『노인의 전쟁』은 이렇게 우주 개척 방위군이 된 존 페리의 흥미진진한 모험담을 그린, 한 편의 할리우드 영화 같은 SF입니다. 아니나 다를까, 넷플릭스(Netflix)가 2017년에 이 소설의 영화 판권을 확보했어요. 조만간 나올 멋진 영화도 기대해 봅니다.

인간은 얼마나 오래 살 수 있을까?

이제 궁금증을 해결할 차례입니다. 도대체 우주 개척 방위군은 75세 노인을 병사로 받아서 어쩌려는 걸까요? 존 페리를 비롯한 소설 속 지구인도 궁금하기는 마찬가지입니다. 자원입대한 노인이 어떻게 우주 군인으로 임무를 수행하는지는 철저히 비밀에 부쳐졌기 때문이죠. 한번 군대에 들어간 노인은 최대 10년간 복무하고 나서도 지구로 돌아올 수 없습니다. 존 페리는 이렇게 궁금해합니다.

> 과거 내 할아버지에게, 내가 할아버지 나이가 됐을 무렵에는 수명을 극적으로 연장하는 방법이 나와 있을 거라고 말한 적이 있다. 할아버지는 웃으면서 당신도 그렇게 생각했지만 결국 이렇게 되더라고 말했다. 나도 그렇게 되었다. 늙는다는 것의 문제점은, 욕 나오는 일이 하나씩 벌어지는 게 아니라 한꺼번에 모든 것이 엉망

이 된다는 사실이다.

노화는 멈출 수 없다. 유전자 요법과 장기이식과 성형수술을 동원하여 싸울 수는 있다. 그러나 결국에는 세월에 따라잡힌다. 폐를 새로 달면 심장이 터진다. 새 심장을 얻으면 간이 풍선처럼 부풀어 오른다. 간을 바꾸면 뇌졸중이 습격한다. 이거야말로 노화가 내놓는 비장의 수단이다. 아직 뇌는 교체할 수 없다.

— 존 스칼지, 『노인의 전쟁』(이수현 옮김, 샘터, 2009), 17~18쪽

소설 속 인류의 기대수명은 90세 정도에서 멈춘 상태입니다. 실제로 2023년 경제협력개발기구 OECD가 발표한 한국의 기대수명은 83.6세입니다. 공중 보건과 영양 상태 등의 개선으로 지금까지 기대수명은 계속해서 늘어 왔습니다. 기대수명과 함께, 최고령자가 생존할 수 있는 나이인 '최대 수명'도 증가했죠.

지금 과학자들은 인간이 얼마나 오래 살 수 있을지를 놓고서 치열하게 논쟁 중입니다. 한쪽에서는 150세까지 수명 연장이 가능하다고 주장하고, 다른 쪽에서는 터무니없는 소리라고 일축합니다. 만약 최대 수명이 계속해서 늘어난다면 자연스럽게 인간의 평균 기대수명도 늘어날 테죠. 인간은 얼마나 오래 살 수 있을까요?

상당수 과학자는 최대 130세 정도가 인간 수명의 한계라고 봅니다. 1997년 122세로 사망해 『기네스북』에 기록된 프랑스 할머니 잔 칼망 Jeanne Calment이 그 예입니다(그의 딸이 상속세를 내지 않으려고 죽은

어머니로 위장했다는 의혹이 제기되기도 했어요). 과학자 얀 페이흐Jan Vijg 등도 2016년 10월 5일 《네이처》에 발표한 논문(「인간 수명 한계의 증명Evidence for a limit to human lifespan」)에서 "평균 기대수명은 연장할 수 있을지 몰라도 최대 수명을 연장하기는 어렵다"고 주장했습니다.

이들은 1968년에서 2006년 사이 미국, 영국, 일본, 프랑스 4개국에서 110세 이상 생존한 노인들에게 초점을 맞추고 연구를 진행했습니다. 그러고 나서 인간의 평균 최대 수명을 115세로 설정했죠. 또 아무리 오래 살더라도 125세가 인간 수명의 최대치라고 계산했어요. 세계 어느 곳이든 125세까지 사는 사람이 1만 명에 한 명꼴도 안 되리라고 전망한 것입니다.

물론 반박하는 과학자도 있습니다. 그들은 노화를 막는 다양한 방법이 개발 중이기 때문에 150세 정도까지 수명을 연장하는 일이 가능하다고 주장하죠. 몇몇 물질(라파마이신, 메트포르민 등)이 동물실험에서 노화를 막는 효과를 보였고, 그 연장선상에서 노화 치료제가 등장할 가능성이 있다는 논리예요.

심지어 미국의 두 과학자는 공개 내기까지 선언했어요. 스티븐 오스태드Steven Austad와 스튜어트 제이 올샨스키Stuart Jay Olshansky는 2000년 출생자 가운데 2150년까지 살아남는 사람이 나오는지를 놓고 내기를 했습니다. 오스태드는 '나온다'에, 올샨스키는 '안 나온다'에 걸었죠. 이 두 사람은 2150년 1월 1일 150세가 된 사람이 있는지를 확인해 이기는 쪽 후손에게 그 상금을 주기로 공증까지 받았어요(2150년이면 판돈에 이자가 붙어서 5억 달러, 즉 우리 돈으로 약 7,200억 원이 됩니다).

그렇다면 『노인의 전쟁』은 이 노화의 딜레마를 어떻게 해결할까요? 놀라지 마세요. 존 페리는 아예 새로운 몸을 갖게 됩니다. 우주개척 방위군은 생명공학을 이용해서 우주 전쟁 수행에 적합한 육체를 만듭니다. 그러고 나서 페리 같은 자원자의 기억을 이식하는 방법을 사용합니다. 심지어 페리가 받은 새로운 육체는 외모까지 더 멋집니다.

설정이 황당하다고요? 맞습니다. 그렇게 새로운 육체를 만들어내기는 어렵습니다. 뇌에서 다른 뇌로 기억을 이식하는 일도 불가능에 가깝죠. 하지만 작가가 이런 어처구니없는 설정을 사용한 사정도 짐작이 됩니다. 존 스칼지는 아무리 과학기술이 발달하더라도 노화를 막는 일은 불가능하다고 판단했어요("노화는 멈출 수 없다"). 더구나 전쟁터에서 최상의 전투력을 유지하면서 살아남으려면 건강한 육체가 필수입니다. 노화를 막아서 노인이 좀 더 오래 살 수 있도록 돕는다고 하더라도 육체를 젊은이처럼 만드는 일은 불가능해요. 그렇다면 노인을 전쟁에 참여시킬 유일한 방법은, 노인의 '정신'을 다른 '육체'에 옮기는 상상밖에 없었을지도 모릅니다. 이런 점을 염두에 둔다면 작가가 저런 극단적인 설정을 밀어붙인 사정이 이해됩니다.

전쟁터에서 노인은 최고의 전사

『노인의 전쟁』에서 흥미로운 대목은 다시 젊어진 노인이 우주 전쟁에 참여하는 다채로운 모습입니다. 이들은 최고의 전사였어요! 우주 전쟁에 알맞은 젊은 육체에다가 지구에서 다양한 경험을 통해 축적한 삶의 지혜까지 겸비했으니까요. 우주 개척 방위군이 노인을 군인으로 받아들인 일은 탁월한 선택이었습니다.

'노년의 재배치'라는 소설 속의 비전은 현실과도 공명합니다. 최근 인간과 로봇이 조화를 이루며 공존하는 '휴먼-로봇 컬래버레이션(human-robot collaboration, HRC)'이 화두입니다. 예를 들어 로봇이 공장에서 노동자의 일자리를 빼앗는 대신에 좀 더 안전하고 효율적으로 일할 수 있도록 돕는 방식이죠. 이런 접근으로 가장 힘을 얻는 이들이 바로 노인입니다.

자동차 공장에서 수십 년간 일해 온 노동자는 자동차를 만드는 일에는 장인 수준의 전문성이 있습니다. 하지만 늙으면 눈도 침침해지고 근력도 약해지며 손도 떨립니다. 시간이 지날수록, 힘이 필요한 정교한 작업이 어려워집니다. 만약 이런 늙은 노동자를 로봇이 돕는다면 어떨까요? 부족한 부분을 로봇이 보완해 준다면 그는 훨씬 더 오랫동안 공장에서 일할 수 있겠죠.

이렇게 노인이 로봇의 도움을 받아서 조금 더 오래 일할 수 있다면, 장기적으로는 젊은 세대에게도 이익입니다. 한국처럼 출산율이 낮고 고령화 추세가 심한 사회에서는 시간이 지날수록 일하는 젊은 사람보다 사회가 부양해야 할 노인이 늘어납니다. 만약 노인이 오랫동안 일터에서 일할 수 있다면, 젊은 사람의 부담이 줄어드는 효과가 나타나겠죠.

물론 이렇게 로봇이 돕는다 하더라도 노인이 일터에서 일하는 데에는 한계가 있습니다. 또 평생 다음 세대를 위해서 헌신한 노인이 말년에 휴식을 취하는 일은 당연한 권리이기도 합니다. 그들을 다시 젊게 만들어서 군인의 임무를 맡기는 일은 소설이나 영화 속에서나 가능한 이야기입니다. 그럼, 그렇게 말년에 휴식을 취하는 노인은 쓸모없는 존재일까요?

이 대목에서 『총, 균, 쇠 Guns, Germs, and Steel』(1997), 『문명의 붕괴 Collapse』(2005) 등으로 유명한 재러드 다이아몬드 Jared Diamond의 조언에 귀를 기울일 필요가 있습니다. 인류학·생태학·역사학 등 다양한 학문을 넘나들며 인간과 문명을 탐구해 온 그는 『어제까지의 세계 The World Until Yesterday』(2012)에서 자신과 같은 노인이 이바지할 수 있는 일로 세 가지를 강조했어요. 다이아몬드는 1937년생으로 80대 후반입니다.

첫째, 노인은 다음 세대, 그러니까 손자 손녀를 양육할 최상의 조건을 갖추고 있습니다. 다이아몬드는 남성뿐만 아니라 여성이 직장을 갖는 일이 필수가 된 시대에 다음 세대의 양육을 할아버지 할머니가 책임지는 것은 꼭 필요한 일일 뿐만 아니라 보람찬 일이라고 강조합니다. 어쩌면 종의 보존에 이바지하는 일이니 가장 훌륭한 일일지도 모르죠.

둘째, 노인은 전쟁이나 경제공황 등 앞으로 일어나서는 안 될, 하지만 언제든 일어날 수 있는 극단적인 사건을 직접 경험한 세대입니다. 현재 우리나라의 80대는 20세기 중반 이후 격동의 시기를 살아내며 일제강점기, 해방 전후의 혼란, 6·25 전쟁, 궁핍과 개발, 그리고 군사독재 등을 직접 겪은 마지막 세대예요. 이런 노인의 경험과 지혜를 갈무리하면 앞으로 올지 모를 위기에 좀 더 현명하게 대응할 수 있겠죠.

셋째, 『노인의 전쟁』에서 군인이 된 존 페리와 동료들이 보여 주듯이 노인은 인간관계를 조율하거나, 봉사 활동에 나서거나, 장기적인 안목으로 사안을 바라보는 데 뛰어납니다. 그러니 이런 노인의 능력을 적절히 활용한다면 사회 공동체를 유지하는 데 큰 도움이 됩니다. 실제로 좀 더 건강한 노인이 몸이 불편한 다른 노인을 돕는 봉사 활동에 나서는 모습은 드물지 않죠.

어때요? 이제 힘없이 죽을 날만 기다리는 것처럼 보였던 그들이 다르게 보이죠? 『노인의 전쟁』에서 남다른 동료애로 사지(死地)를 종횡무진 누비는 노인 병사처럼, 이 순간에도 세상 곳곳에서 노인들은 자신만의 전쟁을 치르고 있습니다. 어쩌면 이 소설은, 그저 먼 미래의 전쟁 이야기가 아니라 우리 곁 누군가의 이야기일지도 모릅니다.

21세기의 '생계형' SF 작가
존 스칼지

존 스칼지는 21세기에 등장한 가장 성공한 SF 작가입니다. 애초 자기 개인 블로그에 연재했던 『노인의 전쟁』이 입소문을 타면서 2005년 종이책으로 출간되어 단숨에 인기 작가 반열에 올랐습니다. 스칼지는 『노인의 전쟁』이 성공하고 나서 주인공(존 페리)이 우주 개척을 둘러싼 비밀을 파헤치는 모험담을 그린 『유령 여단 The Ghost Brigades』(2006), 『마지막 행성 The Last Colony』(2007) 등을 발표합니다.

스칼지는 여기서 멈추지 않아요. 그는 『노인의 전쟁』과 세계관을 공유하면서도 우주 개척을 놓고서 다양한 이해 당사자가 대립하며 속고 속이는 일종의 우주 정치를 묘사한 흥미로운 시리즈를 내놓습니다. 존 페리의 동료였던 해리 윌슨을 주인공으로 한 『휴먼 디비전 The Human Division』(2013), 『모든 것의 종말 The End of All Things』(2015)이죠.

스칼지는 이후에 '상호의존성단(The Interdependency)'이라는 새로운 세계를 무대로 권력 투쟁을 중심에 둔 『무너지는 제국 The Collapsing Empire』(2017), 『타오르는 화염 The Consuming Fire』(2018), 『마지막 황제 The Last Emperox』(2020)를 내놓습니다. '노인의 전쟁'부터 '상호의존성단' 시리즈로 이어지는 이들 작품으로 21세기 최고의 인기 SF 작가로 자리매김한 스칼지. 하지만 그는 여전히 자신을 '생계형' 작가라고 부르면서 원고료를 벌고자 지금도 글을 씁니다.

03

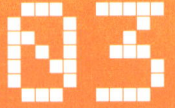

『스테이션 일레븐』 _에밀리 세인트존 맨델

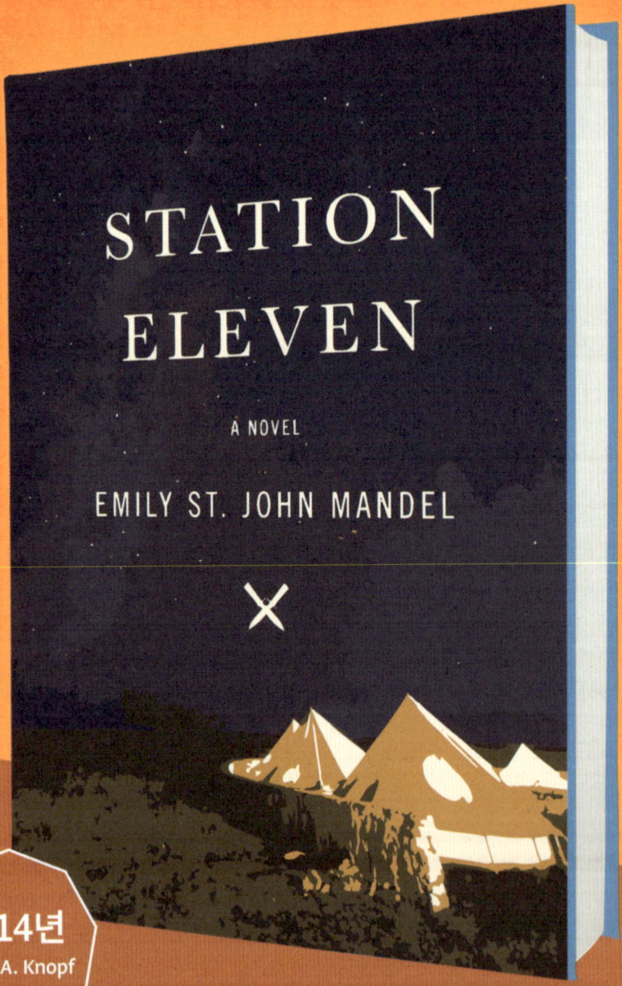

2014년
Alfred A. Knopf

세상이 몰락했는데
소설 따위가 뭐라고

이야기는 이렇게 시작합니다. 할리우드 스타 아서 리앤더Arthur Leander가 출연한 셰익스피어의 희곡 〈리어왕〉이 캐나다 토론토에서 공연하는 날이었습니다. 한창 연기를 하던 아서가 갑자기 무대에서 쓰러집니다. 급성 심장마비가 온 것이죠. 관객까지 나서서 그를 살려 보려고 애쓰지만, 아서는 세상을 뜨고 맙니다.

불길한 예고편이었을까요? 그즈음 독감 환자 한 명이 탄 비행기가 토론토의 공항에 도착했습니다. 이어서 병원을 찾은 그 환자와 같은 증세를 호소하는 열두 명의 환자가 병원으로 실려 옵니다. 모두 같은 비행기의 승객이었어요. 단 하루 만에 병원을 찾아온 독감 환자의 수가 200명이 넘더니, 결국 여러 명이 죽기 시작합니다.

병원의 의사는 친구에게 다급하게 경고하죠. "지금 당장 떠나!" 토론토를 덮친 독감은 빠른 속도로 희생양을 찾아서 전 세계로 퍼지기 시작합니다. 수많은 사람이 목숨을 잃습니다. (2014년에 나온 이 소설이 2020년 코로나19 유행을 예고했던 것일까요?) 결국, 독감은 인류 문명을 끝장냅니다. 그리고 20년이 지났습니다. 소수의 생존자는 군데군데 작은 마을을 이루며 힘겹게 삶을 이어 가고 있어요.

그런 마을을 떠돌아다니며 셰익스피어의 희곡을 공연하는 유랑 극단이 있습니다. 극단의 여배우는 커스틴입니다. 공교롭게도 커스틴은 20년 전 스타 배우가 심장마비로 무대에서 쓰러질 때 현장에 있던 아역 배우예요. 문명이 몰락하고 나서, 그녀는 어린 시절의 희미한 기억만 안고서 관객이 있는 곳이면 어디서든 공연합니다.

독감과 그 뒤의 혼란으로 수많은 사람이 죽었어요. 소수의 생존자도 폭력과 갈등 속에서 하루하루를 지탱하는 일이 버겁습니다. 커스틴의 유랑 극단은 그런 비참한 삶의 현장을 누비면서 노래하고, 연주하고, 연기합니다. 그리고 극단의 공연을 즐기는 사람들이 있습니다. 사는 것 자체가 지독하게 힘든 상황에서 이들이 연극에 몰입하는 이유는 무엇일까요?

에밀리 세인트존 맨델Emily St. John Mandel의 독특한 종말 소설 『스테이션 일레븐Station Eleven』(2014)이 우리에게 던지는 질문입니다. 한 가지 단서가 있습니다. 커스틴의 팔에는 이런 문장이 문신으로 새겨져 있어요. "생존만으로는 충분하지 않다." 1995년부터 2001년까지 미국에서 방송된 드라마 〈스타 트렉: 보이저〉에 나온 대사입니다.

삶을 포기할 만한 '불행'은 없다

"정말 의미 있는 경험이었죠."
— 루이지애나에서 MB.

"예전에는 지금처럼 다른 사람에게 감사하며 살지 못했죠."
— 캘리포니아에서 CR.

하버드대학의 심리학자 대니얼 길버트^{Daniel Gilbert}가 『행복에 걸려 비틀거리다^{Stumbling on Happiness}』(2006)에서 소개한 흥미로운 사례부터 살펴볼까요? 길버트가 소개한 MB나 CR은 자기 삶이 값지다고 고백합니다. 하지만 정작 MB와 CR의 실제 삶을 알고 나면 당혹스러울 수밖에 없어요. 일반적인 관점에서 그들은 절대로 행복한 삶을 살지 않았으니까요.

MB의 실명은 모리즈 비컴^{Moreese Bickham}입니다. 그는 자신에게 총을 쏘는 KKK(Ku Klux Klan, 쿠클럭스클랜) 단원에 맞서 정당방위를 하다가 감옥에 수감되어 37년 6개월(1958~1996)이나 무고한 옥살이를 했어요. 그는 감옥에서 풀려나자마자 38년간의 경험을 저렇게 회고합니다. 억울한 옥살이가 "정말 의미 있는 경험"이었다니요!

CR의 사정도 비슷합니다. CR의 실명은 크리스토퍼 리브^{Christopher Reeve}입니다. 맞습니다. 고전 영화 〈슈퍼맨〉(1978)에서 명연기를 펼치던 인기 배우였죠. 하지만 리브는 말을 타다가 떨어져서 목 아래 부위가 모두 마비되는 사고를 당했습니다. 산소호흡기 없이는 숨조차 쉴 수 없는 상황에서도 리브는 예전보다 나은 현재의 삶을 찬양합니다. 사고를 마치 '새로운 삶'의 기회처럼 이야기하죠.

보통 사람으로서는 상상조차 할 수 없는 불행을 겪은 비컴이나 리브의 반응은 삶에 대한 새로운 통찰을 줍니다. 우리는 불행의 효과를 지레짐작해서 과장하는 경향이 있어요. 하지만 실제로는 많은 사람이 실직이나 이별 등의 불행을 성공적으로 극복합니다. 장애 같은 치명적인 불행을 겪은 사람의 사정도 마찬가지입니다. 대니얼 길버트는 이렇게 정리합니다.

> 부정적인 사건이 우리에게 영향을 끼치는 것은 사실이다. 그러나 우리가 상상하는 만큼은 아니다. (…) 신체장애가 있는 사람들이 그 장애를 없애기 위해 기꺼이 지불하겠다는 비용보다는, 장애가 없는 사람들이 그런 장애들을 피하기 위해 지불하겠다는 비용이 훨씬 큰 법이다. 왜 그럴까? 그것은 장애가 없는 사람들이 장애를 가진 사람들의 행복을 과소평가하기 때문이다.
>
> ─ 대니얼 길버트, 『행복에 걸려 비틀거리다』(최인철 외 옮김, 김영사, 2006), 220쪽

마치 인체 면역계가 질병에 대항해 몸을 지키는 것처럼 심리 면역계도 불행에 맞서 우리의 마음을 보호합니다. 삶을 포기할 만한 불행은 없습니다. 이런 사정을 염두에 두면, 인류의 문명이 몰락하더라도 소수의 생존자는 자포자기하지 않고서 여전히 저마다의 삶을 살아가리라 예측할 수 있죠. 우리는 상상조차 할 수 없을 정도로 힘든 삶이겠지만요.

『스테이션 일레븐』의 생존자 거주지 가운데 공항이 있습니다. 그 공항에는 문명 몰락 직전 마지막 비행을 하고서 남겨진 사람들이 있어요. 독감이 유행하던 날, 세계 곳곳에서 날아온 사람들 가운데 소수가 독감으로부터 살아남았습니다. 그들 가운데 다른 곳으로 떠나지 않은 사람이 아예 공항에 자리를 잡은 것이죠.

그렇게 공항에 남겨진 사람들의 사연은 이 책에서 가장 감동적인 부분 가운데 하나입니다. 서로 다른 나라에서 왔으니 말이 통할 리 없습니다. 시간이 지나자 이들은 하나둘씩 짝을 지어서 서로의 말을 가르쳐 줍니다. 공항은 자연스럽게 생존자의 거주지일 뿐만 아니라, '언어 박물관'이 되죠.

이뿐만이 아니에요. 몰락 직전 우연히 공항으로 오게 된 사람 가운데는 배우 아서의 친구 클라크도 있습니다. 그는 죽은 사람에게서 나온 과거의 물건을 하나씩 모아서 보관합니다. 이렇게 20년 동안 과거의 물건을 쌓고 보니, 공항 구석에 '문명 박물관'이 만들어졌어요. 클라크는 그 박물관의 큐레이터를 자처합니다.

클라크는 공항에서 태어나 한 번도 그곳을 벗어난 적이 없는 아이들을 모아 놓고서 세상을 연결하는 인터넷, 멀리 있는 사람과 통화할 수 있는 휴대전화, 우주로 날아갈 수 있는 우주선의 존재를 설명해요. 아이들은 그의 말이 믿어지지 않습니다. "우주요? 우와, 진짜 믿기지가 않아요."

이렇게 클라크가 문명 박물관을 만들고 또 인터넷, 휴대전화, 우주선을 본 적도 없고 앞으로도 그럴 가능성이 적은 아이들에게 인류 문명의 흔적을 전하는 까닭은 무엇일까요? 인류 문명을 다음 세대에게 전해야겠다는 의무감 때문은 아니었습니다. 클라크는 단지 자신이 50년 동안 살아온 옛 문명을 기억하고 싶었던 거예요. 바로 그런 기억이 삶의 동력이었습니다.

삶은 생존만으론 부족하다

가끔 연극이나 영화를 보거나 소설을 읽는 일을 두고 먹고사는 것에 하나도 도움이 안 된다며 폄훼하는 사람을 만나곤 합니다. 그 시간에 업무에 도움이 되거나 돈을 버는 데 필요한 정보를 습득하는 일이 훨씬 더 낫다는 것이죠. 하지만 오랫동안 인류는 생존에 도움이 되지 않는 예술 활동에 공들여 왔습니다.

인류가 문자를 사용하기 전에 그려진 선사시대 동굴벽화가 단적인 예입니다. 에스파냐 북부의 알타미라 동굴벽화(약 1만 8,000년에서 2만 2,000년 전), 프랑스 남부의 라스코 동굴벽화(약 1만 7,000년에서 2만 2,000년 전)는 인류가 오래전에 남긴 예술 작품입니다. 동굴벽화 외에도 오스트리아에서 발견한 빌렌도르프(Willendorf)의 비너스상(약 2만 년에서 2만 5,000년 전) 같은 예술품도 비슷한 시기에 만들어졌죠.

과학자, 인류학자, 고고학자 등은 인류가 예술 작품을 남긴 이유를 해명하고자 여러 가설을 세우고 연구해 왔습니다. 이들을 가장 당혹스럽게 하는 대목은 예술 작품이 남겨진 때입니다. 이때는 지구가 꽁꽁 얼어붙은 빙하기였습니다. 특히 알타미라, 라스코 동굴벽화가 그려지고 빌렌도르프의 비너스상이 만들어진 약 2만 6,500년 전부터 1만 9,000년 전까지는 빙하기 가운데서도 지구의 기온이 가장 낮은 시기였어요. 기온은 떨어지고, 얼음이 얼면서 해수면이 낮아지고, 이에 따라 동식물을 포함한 생태계도 급격히 변했죠. 이런 혹독한 환경에서 인류는 생존하기도 벅찼습니다. 바로 이때 먹고사는 일과 무관해 보이는 예술 활동이 활발했던 이유는 무엇일까요?

학자들의 견해 가운데 주목해 볼 만한 내용은 이렇습니다. 생존하기도 힘든 혹한의 환경이야말로, 오히려 예술 활동의 동기가 되었어요. 당장 내일의 생존을 걱정해야 할 어려운 상황에서 인류는 직접적인 생존과 무관한 어떤 것으로 자신의 존재 이유를 찾아야 했습니다. 뜻밖에도 예술 활동이 삶의 동력이 되었던 것이죠. 추위서 도저히 채집과 사냥이 불가능하거나 반대로 운 좋게도 먹을거리가 풍족하던 날, 선사시대 인류는 삼삼오오 동굴 벽에 모였습니다. 그들은 무사히 살아 있음을 기념하면서 일상의 삶을 벽화로 그리고, 생존을 자축하는 손바닥을 찍었죠. 또 그들이 이상적으로 생각하는 풍요의 상징(빌렌도르프의 비너스 등)을 만들고, 내일의 사냥 성공을 기원하고요. 예술 활동은 그들의 생존을 기념하고 또 더 나은 미래를 꿈꾸는 일이었습니다.[5]

이제 커스틴과 동료들이 유랑 극단에서 공연하고, 생존자들이 그 공연을 즐긴 까닭이 짐작되나요? 몰락 이후, 생존자들은 (마치 선사시대 조상처럼) 삶을 지속하는 것조차 힘겹습니다. 드물게 찾아오는 유랑 극단의 공연은 이들에게 삶의 의미를 환기해 주는 의례처럼 여겨졌겠죠. 물론 커스틴 등도 바로 그런 열망을 공유했기에 계속해서 극단을 이끌고 유랑했을 테고요.

> 관객들이 일어서서 박수갈채를 보냈다. 커스틴은 공연이 끝날 때마다 늘 그렇듯 붕 뜬 것 같은 기분으로 서 있었다. 아주 높게 날아올랐다가 불완전하게 착륙한 것 같은 느낌, 영혼이 가슴에서 빠져나와 높이 올라가 있는 것 같은 느낌이었다. 앞줄에 앉은 남자의 눈에 눈물이 그렁그렁한 것이 보였다.
>
> — 에밀리 세인트존 맨델, 『스테이션 일레븐』(한정아 옮김, 북로드, 2016), 82쪽

이 남자는 셰익스피어의 유쾌한 희곡 〈한여름밤의 꿈〉을 보고서 웃기는커녕 눈물을 흘립니다. 그가 처한 생존의 고단함은 소설을 통해 그의 삶을 만나는 우리로서는 짐작하기 힘들어요. 하지만 왠지 그 남자가 눈물을 흘린 이유는 알 것 같습니다. 연극을 보면서 그는 따뜻한 위로를 받았어요. 정말로 삶은 생존만으론 부족합니다.

알 수 없는 인생의 미스터리

독감이나 핵전쟁으로 문명이 몰락한 뒤의 스산한 삶을 다룬 SF는 한두 권이 아닙니다. 하지만 이토록 따뜻하게 희망을 이야기하는 종말 소설은 『스테이션 일레븐』이 유일합니다.

한 가지 또 있습니다. 커스틴의 배낭 속에는 정체를 알 수 없는 만화책 『닥터 일레븐』이 들어 있어요. 소설을 읽다 보면, 문명 멸망 직전 '연극처럼' 삶을 마감한 스타 배우와 수수께끼의 만화책을 중심으로 연결된 등장인물들의 사연이 양파 껍질 벗겨지듯 하나씩 드러납니다. 그들의 얽히고설킨 이야기에 정신없이 몰입하다 보면, 여러분은 새삼 깨달을 거예요.

'세상이 망해도, 알 수 없는 인생의 미스터리는 계속되는구나!' 그러고 나서, 책장을 덮으며 살며시 미소 짓겠죠. 눈에는 눈물이 그렁그렁한 채로요.

EMILY ST. JOHN MANDEL

〈왕좌의 게임〉 원작자가 극찬하다
에밀리 세인트존 맨델

에밀리 세인트존 맨델은 한국 독자에게 생소한 작가입니다. 그럴 수밖에요. 맨델의 책 가운데 한국에 소개된 작품은 『스테이션 일레븐』과 『글래스 호텔The Glass Hotel』(2020), 『고요의 바다에서Sea of Tranquility』(2022) 세 편뿐입니다. 『스테이션 일레븐』은 맨델이 2014년에 펴낸 네 번째 소설이에요. 책이 나오자마자 미국과 캐나다의 거의 모든 매체가 소개하는 등 열광적인 반응을 얻었죠(2021년에는 드라마로도 방영되었습니다).

특히 얀 마텔(『파이 이야기Life of Pi』 저자), 도나 타트(『황금방울새The Goldfinch』 저자) 등의 인기 작가가 찬사를 보내면서 화제가 되었죠. 맨델은 무용수에서 작가로 전업한 독특한 경력을 가지고 있어요. 『스테이션 일레븐』의 남다른 설정은 춤과 글이 결합한 그의 삶과 무관하지 않죠. 세계적인 인기 드라마 〈왕좌의 게임〉(2011~2019)의 원작자 조지 R. R. 마틴은 『스테이션 일레븐』을 이렇게 극찬했습니다.

"이 책은 종말 소설이다. 그러나 그 장르에 사용되는 모든 상투적인 비유는 여기에 없다. 게다가 소설의 반 정도는 전염병이 지구를 휩쓸기 전 이야기다. (…) 사실 이런 책이 좋은 소설이 될 리가 없다. 그런데 그 일이 일어났다. 굉장히 구슬프지만 매우 아름다운, 내가 아주 오랫동안 기억하고 끊임없이 되돌아갈 소설이다."

04

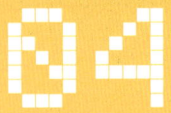

『킨』 _옥타비아 버틀러

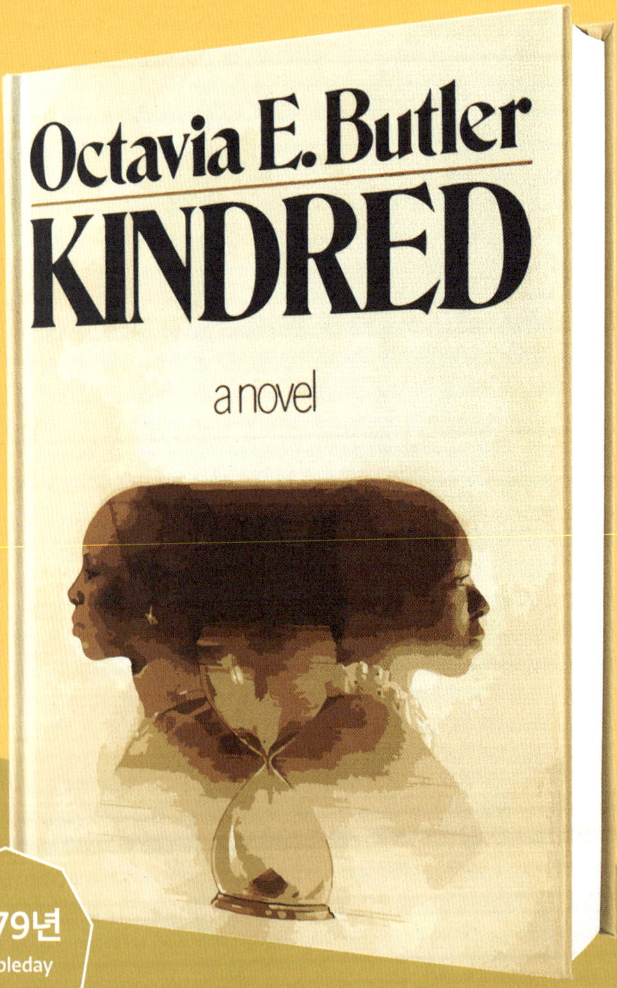

1979년
Doubleday

인종은
과학적인 개념인가

다나는 스물여섯 살 생일날 집에서 갑자기 어지럼증을 느낍니다. 이게 웬일입니까? 정신을 차린 그가 있는 곳은 물살이 빠른 강가입니다. 강에서는 한 남자아이가 허우적대고 있죠. 앞뒤 사정을 헤아릴 때가 아니에요. 그는 곧바로 강으로 뛰어들어 그 남자아이를 구합니다. 남자아이의 이름은 루퍼스입니다. 다나와 루퍼스의 악연은 이렇게 시작해요.

알고 보니, 다나가 루퍼스의 목숨을 구한 곳은 미국의 메릴랜드주입니다. 다나가 살던 서부 캘리포니아주에서 동부 메릴랜드주로 순간 이동을 한 거예요. 놀랄 일은 이뿐만이 아닙니다. 20세기 후반에 살고 있던 다나가 어지럼증을 느끼고 나서 깨어난 시점은 19세기 초반입니다. 150년이 넘는 시간을 거슬러 올라간 것이죠.

다나에게 이런 시간 여행은 목숨을 걸어야 할 재앙입니다. 왜냐하면 그는 피부색이 까만 흑인이기 때문이에요. 알다시피 1863년 1월 1일 에이브러햄 링컨 대통령이 노예해방선언을 발표할 때까지 미국에는 노예제도가 존재했습니다. 실제로는 4년간의 남북전쟁(1861~1865)이 끝나고 나서 헌법 개정(수정헌법 제13조)이 이루어진 뒤에야 노예제도가 폐지되었죠. 그 후로도 미국 중남부 같은 일부 지역에서는 21세기까지 인종차별이 여전합니다.

이제 20세기 후반을 살던 흑인 여성이 19세기 한복판으로 떨어진다면 무슨 일이 일어날지 짐작이 될 거예요. '도망 노예'로 오해받아 채찍질을 당하고 나서 헐값에 새로운 주인에게 팔려 가기 십상입니다. 백인 남성의 성욕을 해결하는 성 노예가 되거나, 심지어는 사람에게 맞거나 개에게 물어뜯겨서 죽을 수도 있고요.

다행히 첫 번째 시간 여행에서 다나는 구사일생으로 목숨을 건져요. 운 좋게 20세기 후반의 현실로 다시 돌아온 것이죠. 하지만 다나가 절대로 원하지 않던 시간 여행은 그 뒤로도 몇 차례 계속됩니다. 여러 명의 노예를 거느린 백인 농장주의 아들 루퍼스의 생명이 위협을 받을 때마다, 알 수 없는 이유로 다나는 19세기로 소환됩니다.

도대체 다나와 루퍼스는 무슨 관계이기에 이런 일이 벌어지는 걸까요? 또 다나의 목숨을 건 시간 여행은 어떻게 끝날까요? 옥타비아 버틀러^{Octavia Butler}는 이런 기막힌 이야기를 『킨^{Kindred}』(1979)에서 펼쳐 놓습니다.

피부색은 언제부터 달라졌을까?

버틀러는 『킨』에서 19세기 미국 흑인 노예의 끔찍한 상황을 생생하게 보여 줍니다. 흑인 노예는 피부색이 다르다는 이유만으로 물건처럼 취급받아요. 주인이나 관리인의 마음에 들지 않으면 곧바로 채찍질을 당합니다. 흑인 여성은 수시로 성폭력의 대상이 되죠. 주인의 기분에 따라서 한 가족이 순식간에 뿔뿔이 흩어지는 일도 부지기수입니다. 여러 노예 상인에게 따로따로 팔리는 것이죠.

이 대목에서 한 가지 짚어 보죠. 황인종, 흑인종, 백인종을 구분하는 각양각색의 피부색은 도대체 언제부터 나타났을까요? 놀라지 마세요. 2015년에 과학자들이 유럽에 살던 고대인 83명의 유전체를 분석한 결과를 보면 약 8,500년 전에야 피부가 탈색되는 유전자를 지닌 이들, 즉 흰 피부의 사람들이 나타나기 시작했습니다.

1만 년 전까지만 하더라도 아프리카뿐만 아니라 유럽 대부분 지역에서도 흑인이 대다수였어요. 피부색의 과학에 따르면, 오랫동안 인류의 피부색이 까만색이었던 데는 이유가 있습니다. 먼저 『스킨: 피부색에 감춰진 비밀^{Skin: A Natural History}』(2006)의 저자 니나 자블론스키Nina Jablonski를 비롯한 과학자들의 연구를 통해서 세상에 알려진 피부색 진화의 비밀부터 살펴보겠습니다.

알다시피 햇빛 속에는 피부 세포를 공격하는 자외선이 들어 있습니다. 오래전 아프리카에 살던 인류의 조상에게 자외선은 치명적이었어요. 털이 적어지면서 드러난 피부가 자외선 공격에 그대로 노출되었기 때문이죠. 자외선은 피부 세포의 DNA를 공격해 피부암을 유발하는 등 심각한 해를 끼칠 수 있습니다. 다행히 피부 안에는 천연 자외선 차단제 '멜라닌 색소'가 있어요. 피부에 흑갈색의 멜라닌 색소가 많을수록 자외선은 효과적으로 차단됩니다. 더불어 피부는 검게 되죠. 햇빛과 진화가 상호작용하면서 검은 피부의 인류가 세상에 등장한 것입니다. 만약 인류가 계속 햇볕이 따가운 적도 근처에 살았다면 지금도 대다수의 피부색이 어두웠을 거예요.

그런데 약 6만 년 전부터 인류가 아프리카를 벗어나기 시작하면서 상황이 변했습니다. 인류는 아프리카에서는 겪어 본 적이 없는 새로운 환경에 노출되었죠. 우선 적도에서 북쪽으로 올라갈수록 햇빛의 양이 적어졌습니다. 인류의 이동기와 자연의 빙하기가 겹치면서 햇빛이 구름에 가려지는 날도 많았어요. 햇빛 과잉이 아니라 결핍이 문제가 된 것이죠.

이번에도 햇빛 자외선이 문제였습니다. 자외선은 몸에 좋은 점도 있어요. 파장 길이가 중간 정도인 자외선(UVB)은 피부 세포에서 비타민 D의 합성을 자극합니다. 비타민 D는 몸속에서 칼슘을 흡수하는 데 결정적인 역할을 하죠. 비타민 D 공급이 충분하지 않으면 뼈가 약해지고(골다공증), 심하면 뼈가 굽는 현상(구루병)이 나타날 수 있어요. 자외선의 양이 적은 지역으로 이주한 인류의 조상에게 검은 피부는 득보다 실이 컸습니다. 검은 피부의 멜라닌 색소가 자외선을 차단하면서 비타민 D의 합성이 어려워졌기 때문이죠. 유럽과 아시아로 이주한 인류의 조상은 오랫동안 비타민 D가 풍부한 생선 같은 먹을거리를 섭취하면서 햇빛 결핍을 견뎠습니다(지금도 극지방 원주민은 생선으로 비타민 D를 섭취한답니다).

결국 세월이 쌓이면서 햇빛과 진화의 또 다른 상호작용으로 멜라닌 색소가 적어진, 즉 탈색된 흰 피부의 인류가 등장했습니다. 이렇게 흰색 피부를 가진 이들은 위도가 높고 추운 지역에서 검은 피부를 지닌 이들보다 비타민 D 합성을 하기에 유리했습니다. 즉 흰색 피부는 생존을 위한 적응의 몸부림일 뿐이었어요.

창백한 피부색을 가진 전형적인 백인이 유럽 대부분에 거주한 시간은 수천 년에 불과합니다(그나마 남유럽만 가도 창백한 피부색은 찾아보기 어렵죠). 자블론스키에 따르면, 피부의 반사율로 측정한 피부색과 자외선량의 지리적 분포는 거의 일치합니다. 자외선량이 많은 적도 인근 주민은 피부색이 짙고, 자외선량이 적은 고위도 지역일수록 피부색이 옅죠.

흥미로운 사실이 하나 더 있어요. 평균적으로 남성보다 여성의 피부색이 옅습니다. 바로 '출산' 때문입니다. 임신한 여성은 자신뿐만 아니라 아기의 뼈까지 만들어야 해서 더 많은 비타민 D가 필요하죠. 더구나 비타민 D가 부족해 칼슘 흡수를 못 하면 골반뼈가 부스러져 아기를 출산하는 일 자체가 불가능해집니다. 여성으로서는 자외선을 좀 더 받는 게 진화론적으로 나았던 것이죠.

햇빛과 진화의 합주로 여러 빛깔의 피부색이 빚어진 과정을 염두에 두면, 피부색에 따라서 인종을 나누고 심지어 차별하는 일이 얼마나 어처구니없는 상황인지 알 수 있어요. 황색, 흑색, 백색과 같은 피부색에 따라서 우열을 정하고, 심지어 한 피부색(백인)이 다른 피부색(흑인)을 노예처럼 부린 일은 정말로 해서는 안 될 짓이었습니다.

노예제도가 '백인'을 만들었다

이뿐만이 아닙니다. 노예제도 자체가 피부색을 중요한 정체성으로 삼는 '백인(white people)' 같은 개념을 만드는 데 중요한 역할을 했어요. 『백인의 역사 The History of White People』(2010)를 쓴 넬 어빈 페인터 Nell Irvin Painter는 백인 개념이 형성되는 과정을 살피면서 이런 점을 명확하게 보여 주죠.

17세기 초까지는 (백인의 종주국) 영국에서도 피부색이 정체성의 결정적인 요소가 아니었습니다. 예를 들어 1614년 '포카혼타스

(Pocahontas)'로 알려진 북미 원주민 부족 추장의 딸(마토아카Matoaka)이 평민 출신의 영국인 존 롤프John Rolfe와 결혼했다는 소식을 듣자마자 당시 영국의 왕 제임스 1세는 이렇게 걱정했어요. "공주(포카혼타스)가 평민(존 롤프)과 결혼하는 게 가당키나 한가!"

이때까지만 해도 종교, 신분, 재산에 따른 차이와 당시 태동하던 민족의식 등이 '우리'와 '그들', 즉 타자를 가르는 중요한 요소였어요. 하지만 17세기부터 본격적으로 유럽인이 아프리카 원주민을 아메리카 대륙으로 이주시켜 노예로 부리기 시작하면서 '흑인(노예)과 대비되는 백인(주인)'과 같은 식으로 피부색이 정체성의 중요한 요소로 자리를 잡았습니다.

아프리카 원주민을 사냥하고, 사고팔고, 갖은 학대를 저지르면서 부리려면 그들(흑인)은 우리(백인)와 다를뿐더러, 심지어 열등한 존재라는 인식이 필요했기 때문이에요. 이때 똬리를 튼 '백인종-흑인종'의 대립 쌍은 오늘날 '백인종-황인종-흑인종'으로 위계 지어지면서 뿌리 깊은 인종차별로 이어지죠.

앞서 언급한 포카혼타스의 초상화야말로 '백인의 탄생' 과정을 보여 주는 증거입니다. 포카혼타스는 남편과 함께 영국을 방문했다가 고향으로 돌아오는 도중에 죽고 말아요. 그가 죽고 나서 시간이 지날수록 초상화 속 포카혼타스는 점점 백인 여성을 닮아 갑니다. 마치 중동의 구릿빛 피부색 예수가 유럽의 초상화 속에서는 전형적인 백인 남성으로 묘사된 것처럼 말이죠.

"흑인의 목숨도 소중하다"

사실 다나와 루퍼스의 악연에는 놀라운 비밀이 있어요. 루퍼스가 목숨이 위태로울 때마다 다나가 19세기로 호출된 이유는 무엇일까요? 다나의 직계 조상 가운데 1831년에 태어난 헤이거 와일린이 있습니다. 바로 헤이거의 아버지가 강가에 빠져서 허우적대던 어린 백인 소년 루퍼스 와일린이에요.

이제 소설의 원제가 '혈연(kindred)'인 까닭도 이해되나요? 다나는 알 수 없는 이유로 자신의 직계 조상 루퍼스의 생명을 구하고자 그 위험한 19세기로 소환당했던 거죠. 이를 깨닫게 된 다나는 온갖 고초를 겪으면서도 루퍼스의 생명을 구하는 데 최선을 다합니다. 루퍼스가 죽으면 자신의 존재 기반이 사라질지도 모르니까요.

이 대목이 의아한가요? 어떻게 백인의 자손으로 흑인이 태어날 수 있냐고요? 가만히 생각해 보면 이상한 일이 아닙니다. 인류가 세계 곳곳으로 (자의든, 타의든) 이주하면서 피부색은 햇빛과 진화가 아닌 '다른 이유'로 변화를 겪었어요. 서로 다른 인종(흑인-백인, 황인-흑인, 황인-백인 등)이 관계를 맺어서 태어난 아이의 피부색이 여러 가지로 나타났기 때문이죠.

흔히 '인종의 용광로'라고 불리는 미국이 그 전형적인 예입니다. 미국에 가면 거리마다 보이는 사람의 피부색이 아주 다양하다는 사실을 쉽게 확인할 수 있습니다. 그리고 또렷한 백인으로 보이더라도 조상을 따져 보면 흑인이 있는 경우도 많죠. 당연히 다나처럼 피부색이 까맣더라도 조상 중에 백인(루퍼스)이 있기도 합니다.

씁쓸한 일화가 있습니다. DNA 이중나선 구조를 발견한 공로로 1962년에 노벨 생리의학상을 수상했던 제임스 왓슨은 지독한 인종차별주의자로 유명합니다. 그는 '흑인은 지능이 낮다' 같은 인종차별 발언을 해서 모든 사회 활동에서 쫓겨났어요. 그런데 정작 그의 유전체를 분석해 봤더니 16퍼센트 정도가 아프리카계 흑인 조상으로부터 물려받은 것으로 나왔습니다.[6] 겉보기에 백인처럼 보이고, 심지어 까만 피부색을 지독히 혐오하는 인종차별주의자도 따지고 보면 조상 중에 흑인이 있던 셈이에요. 역설적으로 왓슨은 피부색에 따른 차별이 얼마나 근거 없는 편견인지 온몸으로 증명했습니다. 한때 최고의 과학자로 꼽히던 왓슨의 어처구니없는 발언은 혐오나 편견이 얼마나 무서운지를 보여 주는 또 다른 예입니다.

실제로 이 순간에도 왓슨과 비슷한 혐오와 편견으로 무장한 많은 사람이 여기저기서 갈등을 조장하고 있습니다. 여전히 미국에서는 매년 수십 명의 무장하지 않은 아프리카계 미국인이 경찰에 의해 사살됩니다. 오죽하면 21세기에 "흑인의 목숨도 소중하다!(Black Lives Matter!)"라고 외치는 목소리가 나오겠어요.

그나저나, 지금보다 훨씬 끔찍한 19세기로 간 다나는 살아남았을까요? 그와 루퍼스 사이의 악연은 어떻게 끝날까요?『킨』의 결말은 충격적입니다.

SF를 혁신하다
옥타비아 버틀러

『킨』의 저자 옥타비아 버틀러는 '아프리카계 미국인'(흑인) 여성입니다. 그는 '흑인이자 여성'이라는 이중의 굴레를 SF 안에 녹여 낸 최초의 작가로 꼽힙니다. 『킨』을 읽어 보면, 이 소설이 버틀러의 대표작으로 손꼽히는 이유를 알 수 있습니다. 흑인이자 여성으로서 겪는 차별의 문제점을 기발한 상상력과 상투적이지 않은 이야기로 풀어냈으니까요.

좋은 SF 작품을 국내에 소개해 온 박상준 서울SF아카이브 대표는 이렇게 말합니다. "버틀러 덕분에 세계의 독자들은 전혀 새로운 상상의 지평을 경험했고, 인간과 사회에 대해 더 깊고 넓은 통찰을 갖게 되었으며, 궁극적으로 훨씬 더 풍성한 상상력을 지닐 수 있게 되었다. 버틀러를 읽은 독자는 그렇지 않은 독자와 분명히 다르다." 전적으로 동감합니다.

1979년에 나온 『킨』이 지금까지도 미국을 넘어 세계 곳곳에서 읽히는 이유도 이 때문입니다. 안타깝게도, 천재 작가로 꼽히며 수많은 독자와 다른 작가에게 영감을 줬던 버틀러는 2006년 2월 24일 58세의 나이로 세상을 떠났습니다. 그의 다른 작품을 더 이상 읽을 수 없다는 사실이 슬플 뿐입니다.

05

『백년법』 _야마다 무네키

2012년
角川書店

영원히 살면
행복할까

영원한 삶, 영생. 굳이 진시황까지 거슬러 올라가지 않아도 누구나 한 번쯤 꿈꿔 봤겠죠? 여기, 정말로 그런 일이 가능한 세계가 있습니다. 일본 작가 야마다 무네키山田宗樹의 『백년법百年法』(2012)이 그리는 세상에서는 사람이 늙지도, 죽지도 않습니다. 과학기술의 힘으로 불로장생 시술이 개발되었기 때문이죠.

이 소설에선 만 20세가 되면 HAVI라 불리는 불로장생 시술을 받을 수 있습니다. 인간의 노화를 억제하는 바이러스(human antiaging virus)를 인체에 접종(inoculation)하는 시술로, 20대에 이 시술을 받으면 평생 20대로 살아갈 수 있어요. 30대에 받든, 40대에 받든 선택은 개인의 자유입니다. 이렇게 늙지 않는 삶은 항상 행복할 것 같은데, 막상 들여다보면 온갖 문제투성이예요. 겉모습만 보면 모두가 20대 같으니 '청춘'이나 '죽음' 등의 개념은 희미해집니다.

좋은 일이라고요? "늙지 않고 영원히 젊은 육체로 사는 남녀"로만 가득하다 보니, 결혼과 이혼을 반복하는 일이 다반사입니다. 늙지 않고 일할 수 있으므로, 자식이 부모를 부양하는 전통도 사라진 지 오래고요. 탄생과 성장, 노화와 죽음을 전제한 기존의 가족 관계는 어느새 해체되었습니다.

첫눈에 반해서 구애한 20대 여성이나 남성이 실제로는 90대 할머니나 할아버지인 경우도 많아요. 사랑에 나이가 무슨 문제냐고요? 아닙니다. 20대의 풋풋한 사랑과 수많은 만남과 이별을 반복한 90대의 그것이 같을 리가 없죠. 삶의 권태를 호소하는 '젊은 노인'의 목소리가 곳곳에서 높아집니다.

결정적인 문제는 따로 있어요. 태어나는 사람만 있고, 죽는 사람은 없는 세상을 인류는 한 번도 경험해 본 적이 없습니다. 그래서 소설 속 일본 정부는 불로장생 시술을 받은 사람의 죽는 시점을 정하기로 합니다. 불로장생 시술을 받은 지 100년이 넘어서는 해(유예 기간 5년을 더해 105년이 되는 해)엔 삶을 무조건 마감해야 합니다(백년법!). 영원히 살 수 있는 상황에서 생을 강제로 마감하는 법은 시행될 수 있을까요? 또 그렇게 삶을 끝내야 하는 시점이 다가오면 사람들은 어떻게 반응할까요?

상상 속에나 있을 법한 황당무계한 일이라고요? 아닙니다. 지금

세계 곳곳의 과학자 여럿이 '늙지 않는 세상'을 꿈꾸며 연구를 진행하고 있습니다. 예를 들어 하버드대학교의 데이비드 싱클레어^{David Sinclair} 교수는 공공연히 "노화는 질병"이라고 주장합니다. 그는 이렇게 말하죠. "적절한 치료법만 찾는다면, 노화도 다른 질병처럼 사라지게 할 수 있다!"

이런 주장이 안 믿긴다면, 지금 노화 연구의 최전선에서 무슨 일이 일어나는지를 알아야 합니다.

노화의 비밀을 파헤치는 과학자들

오랫동안 과학자들은 늙고 죽는 일의 비밀을 파헤치고자 애썼습니다. 다양한 견해가 있었죠. 태어날 때부터 몸속에 '노화 유전자'가 있다는 주장도 있었어요. 하지만 노화 유전자는 없는 것으로 확인이 되었습니다. 한때는 몸속 대사 과정의 부산물인 활성산소를 노화의 원인으로 지목하기도 했죠. 비타민 C를 비롯한 항산화제가 인기를 끈 이유예요.

DNA 같은 유전물질이 들어 있는 세포핵 속 염색체 끝의 '텔로미어(telomere)'가 주목받기도 했습니다. 늙을수록 텔로미어가 줄어든다는 사실이 관찰되었거든요. 캘리포니아대학 샌프란시스코캠퍼스(UCSF)의 엘리자베스 블랙번^{Elizabeth Blackburn} 교수가 텔로미어 연구로

2009년 노벨 생리의학상을 받으면서 관심은 최고조에 이르렀죠.

지금은 노화 관련 연구의 방향이 어느 정도 정리되고 있어요. 현재 노화에 관심을 둔 과학자들이 주목하는 분야는 바로 '후성유전학(epigenetics)'입니다.

우선 후성유전학의 정체부터 알아야겠죠? 알다시피 세포의 유전정보는 핵 속의 DNA에 들어 있어요. 그런데 세포의 크기가 고작 지름 100마이크로미터(1마이크로미터는 100만분의 1미터) 정도인데, 이보다 훨씬 작은 핵 속의 DNA는 길이가 2미터나 됩니다. 그래서, DNA는 이리저리 꼬여서 뭉친 상태로 존재합니다.

이렇게 꼬이고 뭉친 DNA를 정리하고 고정하는 역할을 히스톤 단백질(histone protein)이 해요. 히스톤 단백질의 중요한 기능 중 하나가 '스위치'입니다. 히스톤 단백질이 풀렸다 조였다 하면서 DNA의 특정 유전정보를 켜거나 끄는 것이죠. 히스톤 단백질이 풀리면 특정 부분의 유전정보가 활성화하고, 조이면 불활성화하는 방식이죠.

이렇게 히스톤 단백질이 유전정보를 조절하는 데는 여러 변수가 관여합니다. 그 가운데는 우리가 흔히 '환경'이라고 부르는 것들이 포함됩니다. 당연히 긍정적인 것도 있고 부정적인 것도 있죠. 노화에서 주의를 기울여야 할 변수들은 스트레스, 흡연, 화학물질, 운동 부족, 설탕, 심지어 어젯밤에 먹은 야식 같은 부정적 요인입니다.

일주일에도 수십 번씩 경험하는 이런 환경요인이 DNA의 유전정보를 켜고 끄는 일을 방해하곤 해요. 그런 부정적 영향을 '후성유전적 잡음(epigenetic noise)'이라고 부릅니다. 만약 후성유전적 잡음이 늘어나서 DNA의 유전정보를 조절하는 일의 오류가 반복되면 어떻게 될까요? 당연히 몸의 전반적 상태는 엉망진창이 되겠죠.

여기서 데이비드 싱클레어의 '낡은 DVD' 비유가 이해에 도움이 됩니다. 한때 널리 쓰였던 DVD 안에는 음악이나 영상의 디지털 정보가 들어 있어요. 시간이 지나 DVD가 낡으면, 표면에 크고 작은 긁힘이 생기죠. 긁힘이 많아지면, 플레이어가 DVD의 디지털 정보를 읽지 못해요. 그 긁힘이 바로 후성유전적 잡음입니다.

싱클레어 같은 과학자는 노화의 원인이 '후성유전적 잡음의 축적'이라고 주장합니다. 후성유전적 잡음이 쌓인 결과로 암이나 치매가 생기고, 좀비 세포(노화 세포)가 제때 제거되지 않아 염증을 일으키며, 텔로미어의 길이도 짧아진다는 것입니다. 후성유전적 잡음의 축적이 한계치를 넘어서면 죽게 되고요(싱클레어는 이런 식의 해석을 '노화의 정보 이론'이라고 부릅니다).

예를 들어 볼까요? 후성유전을 제어하는 물질 가운데 시르투인 단백질(sirtuin protein)이 있습니다. 효모부터 인간까지 모든 생명체가 지닌 이 단백질은 DNA와 히스톤 단백질을 꽁꽁 묶어서 특정 부위의 유전자를 끕니다. 만약 시르투인 단백질이 제때 역할을 못 하면 꺼져야 할 유전자가 커지면서 후성유전적 잡음이 생길 수 있어요. 싱클레어 연구 팀은 이를 실험으로 증명했죠.

연구 팀은 생쥐 새끼의 DNA 곳곳이 손상을 입도록 조치하고서 경과를 관찰했어요. DNA가 손상을 입는 긴급 상황이 발생하면, 시르투인 단백질은 문제가 생긴 부분을 치료하는 데에 먼저 투입됩니다. 이렇게 시르투인 단백질이 DNA 손상을 고치는 데 집중하다 보면, 유전자를 켰다 껐다 하는 일에 문제가 나타날 수 있습니다. 체내의 시르투인 단백질 농도는 제한적이니까요.

뜻밖에도 실험 대상 생쥐는 겉보기엔 문제없이 일상생활을 했어요. 손상 입은 DNA를 시르투인 단백질이 열심히 치료한 것이죠. 그런데 몇 달이 지나고 나서 생쥐는 털이 가늘어졌고, 등이 굽어졌으며, 귀가 얇아졌고, 눈이 흐릿해졌습니다. 또래의 다른 생쥐가 털이 굵고, 근육질이며, 귀가 두껍고, 눈이 맑은 것과는 대조적이었죠.

실험 대상 생쥐가 순식간에 늙어 버린 거예요. 이에 연구 팀은 '시르투인 단백질이 DNA 손상을 수선하는 데 쓰이면서, 이 단백질이 원래 해야 하는 일에 공백이 생겼다'고 해석했습니다. 이 공백 탓에 앞서 언급한 후성유전적 잡음이 많아졌고, 그 결과 실험 대상 생쥐는 또래보다 빨리 노화해 버렸죠.

노화를 막는 방법이 있다?

데이비드 싱클레어가 노화의 원인으로 지목한 후성유전적 잡음을 제거할 수 있다면, 늙지 않는 일도 가능할까요? 싱클레어가 노화를 '질병'으로 간주하며 치료 가능하다고 보는 까닭은, 바로 이 질문을 놓고서 긍정적 연구 결과가 쌓이고 있기 때문이에요. 과학자들은 노화를 멈추는 물질을 찾고자 오늘도 노력하고 있습니다.

어머니와 아버지, 할머니와 할아버지의 건강을 걱정하는 독자들이라면 이 대목에 솔깃할 수도 있겠네요. 딱 두 가지만 언급할게요. 우선 당뇨 환자에게 처방하는 '메트포르민(metformin)' 성분이 있어요. 9년간 그 약물을 복용한 68~81세 4만 1,000여 명을 조사한 연구에서 치매(4퍼센트), 심혈관질환(19퍼센트), 암(4퍼센트), 노쇠(24퍼센트), 우울증(16퍼센트)의 발생 확률이 낮아졌음이 확인됐어요.[7]

이런 연구 결과 덕분에 한때 메트포르민이 잠재적인 노화 치료제로 주목받았습니다. 국내에서도 쉽게 구할 수 있는 아주 값싼 약물이고, 수십 년간 세계 곳곳에서 당뇨 환자에게 처방되어 그 안전성이 검증된 것도 한몫했죠. 2025년 현재 50대 중반의 싱클레어(1969년생)는 '매일 아침 메트포르민 1그램을 (다른 약물 몇 가지와 함께) 먹는다'고 고백한 적이 있을 정도입니다.

하지만 2022년에 나온 다른 연구에서는 메트포르민을 복용한 당뇨 환자의 생존율이 일반 인구와 거의 차이가 없는 결과가 나오면서 낙관론에 찬물을 끼얹었습니다.[8] (어차피 복용해야 할 당뇨 환자라면 모를까) 메트포르민이 노화를 막는 데에 정말로 효과가 있는지는 여전히 연구가 진행 중입니다.

하지만 실망할 필요는 없어요. 일상생활에서 실천할 수 있는 훨씬 쉬운 방법이 있거든요. 바로 '간헐적 단식(intermittent fasting)'입니다. 하루 세 끼 식사를 규칙적으로 하다가 일주일에 한 번, 혹은 하루에 한 번씩 주기적으로 끼니를 거르는 방식이죠.

끼니를 거르면 건강에 안 좋다고요? 글쎄요, 꼭 아침을 먹어야 한다고 철석같이 믿는 이들은 인정하기 싫어할 불편한 진실부터 살펴봐야겠네요. 영양이 충분한 상황에서 열량을 제한하는 방식, 즉 음식을 적게 먹거나(소식) 때론 일정 기간 아예 먹지 않는(금식) 방식을 실천한 지역 주민이나 종교 공동체는 더 건강하고 더 오래 살았습니다.

노화를 연구하는 과학자가 이런 사실을 놓칠 리 없죠. 열량을 제한하면, 즉 덜 먹으면 오래 산다는 결과가 동물실험에서도 나왔어요. 한 걸음 더 나아가, 열량을 주기적으로 며칠씩만 제한해도 비슷한 결과가 나타났습니다. 한 실험에선 참가자에게 매달 5일씩 야채수프, 에너지바, 영양 보충제로 이루어진 매우 제한적인 식사(열량제한식)를 하도록 했어요. 그렇게 3개월을 보내고 나서 참가자는 체중과 체지방이 줄고, 혈압은 낮아지는 긍정적 결과를 얻었죠.[9]

요즘 세계적으로 유행하는 간헐적 단식 열풍의 배경은 바로 이런 연구 결과입니다. 아침을 거르고 점심을 늦게 먹어서 16시간 동안 공복 상태를 유지하는 방법(16 : 8 식단)이나 일주일 가운데 이틀만(보통 토요일·일요일) 열량을 75퍼센트로 줄이는 방법(5 : 2 식단) 등이 인기를 끌고 있어요(첫 번째 방법은 저도 별 뜻 없이 20년 이상 실천해

오고 있습니다).

싱클레어는 '간헐적 단식과 같은 열량 제한이 후성유전적 잡음을 최소화하는, 즉 노화를 막는 일과 관련 있다'고 봅니다. 실제로 앞에서 언급한 메트포르민, 또 그만큼 주목받는 라파마이신(rapamycin)처럼 과학자들 사이에서 노화를 막을 가능성이 있다고 연구되는 약물이 몸속에서 영향을 미치는 과정과 열량 제한을 했을 때 일어나는 일이 유사하다는 연구 결과도 쏟아지고 있습니다.

이 대목에서 2009년 노벨 화학상 수상 과학자 벤키 라마크리슈난Venki Ramakrishnan의 이야기를 듣는 것도 의미가 있겠습니다. 라마크리슈난은 2024년에 펴낸 『우리는 왜 죽는가Why We Die』에서 노화를 연구하는 여러 과학자의 의견까지 종합해서 이렇게 결론을 내렸습니다.

> 열량 제한은 많은 생물종에서 그렇듯 인간의 수명도 연장할지 모른다. 하지만 인간을 대상으로 실제 효과가 있음을 입증한 연구는 없다. 대부분 사람은 삶의 양보다 질을 중시하기 때문이다. 그러나 열량 제한 효과를 모방한 약물들은 향후 더 많은 연구를 해 볼 가치가 있다.
>
> ― 벤키 라마크리슈난, 『우리는 왜 죽는가』(강병철 옮김, 김영사, 2024), 300쪽

120세까지 산다면 행복할까?

　과학자들이 노화의 비밀을 더 깊이 파헤칠수록, 병치레 없이 일상생활을 누리는 건강 수명도 늘어날 가능성이 큽니다. 아주 낙관적인 과학자는 지금 선진국의 평균수명인 80세에 33년 정도가 더해져 '평균수명이 약 113세가 될 가능성'을 말해요. 『백년법』속 '120세(20세+100세)까지 사는 세상'이 과학의 힘으로 이루어질 것이란 예측이죠. 하지만 이런 전망을 접할 때마다 걱정부터 앞섭니다. 가령 『특이점이 온다 The Singularity is Near』(2005)로 유명한 미래학자 레이 커즈와일 Ray Kurzweil 은 하루 100알 넘는 영양제를 먹는 데 연간 11억 원을 씁니다. 오죽하면, 부자에다 과학계의 최신 연구 동향에 밝은 커즈와일이 몇 세까지 사는지를 보면 노화 연구의 현재를 알 수 있다는 얘기가 있겠어요.

　하지만 커즈와일처럼 영양제 구매에 매년 거액을 쓸 수 있는 사람은 드뭅니다. 갈수록 빈부 격차가 심화하는 상황에서 수명 연장의 혜택을 볼 이들은 커즈와일 같은 선진국의 부자일 겁니다. 이 순간에도 매일 약 1,300명의 5세 이하 어린이가 깨끗한 물을 섭취하지 못한 탓에 사망합니다. 특히 물속의 기생충, 세균, 바이러스가 문제죠.

　'제론토크라시(gerontocracy)'도 걱정입니다. 제론토크라시는 '노인이 지배하는 정치'를 일컫는 말이죠. 한번 권력을 쥔 기성세대, 즉 노인이 정치의 주도권을 다음 세대에게 넘기지 않고서 독점하는 일이죠. 2024년 4월 10일 제22대 국회의원 선거에서 당선된 300명 가운데, 50대 이상은 256명(약 86퍼센트)입니다. 이들이 80대, 90대까지 계속해서 정치를 지배하는 세상을 상상해 보세요.

『백년법』에서도 비슷한 이야기가 나옵니다. 불로장생 시술을 받고 나서 100년이 지나면 삶을 마감해야 하는 법을 가장 앞장서 반대하고 막아서는 소설 속 등장인물은 바로 이 법으로 삶도 힘도 잃게 되는 정치인입니다. 공동체의 미래보다는 자기의 안위를 최선에 두는 소설 속 늙은 정치인의 모습과 현실은 다를까요?

늙지 않은 고령자가 좋은 일자리를 독차지하면서 신세대가 실업자로 몰리는 상황은 소설 속에서 '백년법'이 등장하게 된 중요한 이유입니다. 실제로 건강 수명이 늘어나 고령자의 은퇴 시점이 계속해서 늦어지는 게 과연 좋은 일일까요? 상대적으로 높은 임금을 받는 고령자가 자기 자리를 내놓지 않으려고 버틴다면 일자리를 둘러싼 세대 갈등도 심각한 사회문제로 떠오르겠죠.

결정적으로 기후 위기, 빈부 격차 등 인류가 안고 있는 여러 문제가 있습니다. 건강하게 오래 살고 싶다는 욕망만 충족한다고 세상이 나아지지는 않아요. 여기저기 눈물을 흘리는 사람이 많은데, 자기만 하루 100알씩 영양제를 먹으며 영생을 누린들 과연 행복할까요? 노화의 과학은 우리를 어떤 미래로 데려갈까요? 그러고 보니, 『백년법』의 세상도 파국을 맞습니다.

山田宗樹

삶의 어두운 면을 들추다
야마다 무네키

야마다 무네키의 작품 세계를 알려면 『백년법』보다 대중적으로 알려진 그의 대표작 『혐오스런 마츠코의 일생嫌われ松子の一生』을 읽어야 합니다. 야마다가 2003년에 발표한 이 소설은 나오자마자 일본에서 큰 화제를 불러일으키며 영화, 드라마 나중에는 뮤지컬까지 제작되었습니다. 하지만 이 소설, 영화, 드라마 등 작품을 보고 나면 뒷맛이 씁니다.

야마다는 조카의 시선으로 중학교 교사 마츠코가 잇따른 불행과 잘못된 선택으로 나락으로 빠지는 과정을 추적합니다. 최종적으로 마츠코는 이웃에게 '혐오스런 마츠코'로 손가락질당하다가 살해당하죠. 끊임없이 사랑과 행복을 갈구했지만, 배신과 불행으로 점철된 삶을 살아가다 세상을 떠나는 마츠코를 보면서 독자는 삶의 어두운 면을 살짝 엿보면서 화들짝 놀라게 됩니다.

06

『제노사이드』_다카노 가즈아키

2011년
角川書店

다름을 배척하고
순수에 집착하면

제노사이드(Genocide): 인종, 민족, 종교 따위의 차이로 집단을 박해하고 살해하는 행위. 1944년 폴란드 법학자 라파엘 렘킨 Rafael lemkin이 제안하여 사용하기 시작한 용어이다.

— 국립국어원

2004년 전쟁이 한창이던 이라크 바그다드에는 민간 군사 조직에 속해 있던 미군 특수부대 출신 용병 예거가 있었습니다. 그에게는 유전성 불치병에 걸린 아들 저스틴이 있죠. 예거가 전쟁의 소모품과 다름없는 용병을 자원한 것도 아들의 치료비를 마련하기 위해서였죠. 용하다는 의사를 찾아 미국에서 포르투갈까지 건너가서 삶을 연장해 봤지만, 아들의 시간은 얼마 남지 않았습니다.

그런 예거에게 고액의 대가를 약속하면서 특수 임무가 주어집니다. 낌새를 보니 자기 손에 피를 묻히기 싫어하는 미국 정부가 의뢰한 '더러운 임무' 같습니다. 실제로 그는 내전이 한창인 중앙아프리카 콩고민주공화국의 피그미족 마을에 인류를 위협하는 치명적인 바이러스가 똬리를 틀고 있으니 사람들을 전원 사살하라는 지시를 받습니다. 지시에는 낯선 단어도 있습니다. "신종 생물."

막상 임무를 수행해야 할 마을에 도착해 보니 혼란스럽습니다. 아픈 사람을 찾아볼 수 없는 데다, 그 마을에는 피그미족 주민과 함께 인류학자 피어스가 있었습니다. 더구나 그가 안고 있는 세 살배기 아이는 한눈에 보기에도 우리 인류와 달랐습니다. 알쏭달쏭한 신종 생물이 모습을 드러낸 것이죠.

> 야시경이 이상한 것을 포착했다. 전율이 이는 동시에 목의 털이 곤두섰다. 피어스가 품에 '본 적이 없는 생물'을 안고 있었다.
> *이 생물의 가장 큰 특징은 한눈에 미지의 생물이라는 점을 알게 된다는 점이다.*
> 미지의 생물도 물끄러미 이쪽을 바라보고 있었다. 체모가 없는 살갗, 짧은 손발. 자세는 인간의 어린이와 흡사했다. 그러나 이상한 머리 형태가 눈에 확 들어왔다.
> ― 다카노 가즈아키, 제노사이드(김수영 옮김, 황금가지, 2012), 240쪽

콩고 정글의 피그미족 부부 사이에서 새로운 인류가 탄생했습니다. '누스(NOUS)'라고 이름 붙인 이 신인류는 현생인류와는 비교할 수 없을 정도로 높은 지능을 가졌습니다. 미국 정부는 이 새로운 인류를 '적'으로 규정하고 이들뿐만 아니라 그들의 가족, 이웃까지 모조리 말살하라는 지시를 예거 일행에게 내린 것이죠. 신인류의 제노사이드!

네안데르탈인의 발견

다카노 가즈아키高野和明의 흥미진진한 소설 『제노사이드ジェノサイド』(2011)를 살폈으니, 이제는 독일로 갈 차례입니다. 1856년의 일입니다. 독일 뒤셀도르프에서 동쪽으로 12킬로미터쯤 떨어진 네안데르 계곡의 한 동굴에서 아주 오래전에 살았던 사람의 것으로 추정되는 뼈가 여러 개 발견됐어요. 과학계는 열띤 논쟁 끝에 '이 뼈는 현생인류와는 다른 종의 것'이란 결론을 내렸죠.

뼈가 발견된 계곡의 이름을 딴 '네안데르탈인'이 세상에 알려지는 순간이었죠. 네안데르탈인은 멀게는 약 40만 년 전부터 유럽과 아시아 곳곳에서 살았던 고인류입니다. 남성의 신장은 165~167센티미터, 여성은 158센티미터 정도였어요. 뼈 구조로 볼 때 넓은 어깨에 근육질 몸매를 지녔을 것으로 추정되죠. 이들은 주로 동굴에서 살았어요.

생존 수단은 '사냥'이었습니다. 그래서일까요? 네안데르탈인은 오랫동안 '야만인'의 상징처럼 여겨졌어요. 그 이유를 정확히 파악하기는 어렵지만, 동료를 죽여서 먹은 정황도 발견됐죠. 하지만 유럽과 서남아시아 곳곳에서 발견된 네안데르탈인의 흔적은 의외의 모습도 보여 줍니다.

우선 그들은 돌로 상당히 정교한 도구를 만들었습니다. 도구로 사냥하고, 잡은 동물의 가죽도 벗겼죠. 정교한 바느질은 못 했지만, 옷을 만들고 가죽을 몸에 걸쳐 추위도 피했어요. 무리의 늙고 병든 네안데르탈인은 다른 동료의 보살핌을 받았어요. 심지어 망자를 매장하는 풍습도 있었고요. 무덤 주변에는 꽃도 놓았습니다. 상투적인 표현을 쓰자면 지극히 '인간적'입니다.

이렇게 인간적인 네안데르탈인은 현생인류의 조상 호모사피엔스와 수만 년간 공존했어요. 호모사피엔스는 약 5~6만 년 전에 아프리카를 떠나서 서남아시아를 거쳐서 유럽과 아시아로 퍼져 나가기 시작했습니다. 그때 서남아시아, 유럽 등에는 이미 네안데르탈인이 오랫동안 추운 기후에 적응하며 자리 잡고 있었고요.

이 대목에서 누구나 이런 질문을 떠올릴 거예요. '호모사피엔스와 네안데르탈인이 마주쳤을 때 무슨 일이 일어났을까?' 공교롭게도 네안데르탈인은 인류와 만나고 몇만 년 뒤에 세상에서 자취를 감췄습니다. 4만 년 전부터 숫자가 줄어들기 시작해서 멸종했어요.

지금의 스페인 지역 등에서 마지막 흔적이 발견될 뿐입니다. 네안데르탈인에게 무슨 일이 일어난 걸까요?

네안데르탈인은 왜 사라졌을까?

그동안 네안데르탈인 멸종의 원인을 놓고서 크게 세 가지 가설이 대립해 왔습니다. 가장 먼저 떠올릴 수 있는 것은 아프리카를 벗어나 유럽과 아시아로 뻗어 나가던 현생인류의 조상 호모사피엔스와의 경쟁에서 네안데르탈인이 패했을 가능성이에요. 호모사피엔스가 네안데르탈인을 대량살육 했을 수도 있고요.

다른 각도의 가능성도 존재합니다. 이종교배를 통해서 네안데르탈인이 호모사피엔스로 자연스럽게 흡수되었을 수도 있어요. 실제로 2022년에 노벨 생리의학상을 받은 스웨덴 출신의 과학자 스반테 페보Svante Pääbo의 연구는 이런 가능성을 뒷받침합니다. 그는 네안데르탈인의 뼛속에 남은 유전체를 해독하는 작업에 도전했습니다. 유전정보를 통해 고인류를 복원하려는 최초의 시도였지요

2010년 불가능해 보이던 도전이 성공하면서 뜻밖의 사실이 밝혀졌어요. 놀랍게도 인간의 유전체와 네안데르탈인의 유전체가 2퍼센트가량 유사했습니다(최소 1퍼센트에서 최대 4퍼센트). 이 '2퍼센트'의 함의가 만만치 않아요. 과거 어느 시점에 호모사피엔스와 네안데르

탈인이 관계를 맺어 후손을 낳았고, 그 흔적이 바로 우리 몸속에 남아 있다는 뜻이니까요.

마지막 가능성은 네안데르탈인이 기후변화 같은 자연적인 요인에 적응하지 못하고 세상에서 자취를 감췄으리라는 추측입니다. 기온이 빠르게 오르내리던 수만 년 전의 변덕스러운 기후변화를 염두에 두면 이런 지적도 설득력이 있습니다. 호모사피엔스가 기후에 기민하게 적응했지만, 네안데르탈인은 그렇지 못했다는 거예요.

한국 기초과학연구원 기후물리연구단 악셀 팀머만(Axel Timmermann)은 이런 논쟁을 마무리할 만한 흥미로운 연구 결과를 발표했어요. 팀머만은 과거 지구의 기후가 어떻게 변했는지를 연구하는 과학자입니다. 그는 인류학자, 고고학자 등과 함께 기후변화가 인류의 진화에 어떤 영향을 미쳤는지도 추적해 왔죠(2020년 6월 15일 《쿼터너리 사이언스리뷰》에 발표한 '네안데르탈인 멸종의 잠재적 원인 정량화(Quantifying the potential causes of Neanderthal extinction)'라는 제목의 논문에서 팀머만은 급격한 기후변화, 호모사피엔스와의 경쟁과 교배 등 네안데르탈인 멸종 원인에 대한 다양한 가설을 분석합니다).

이번 연구 결과도 그 연장선에 놓여 있습니다. 팀머만은 약 78만 년 전부터 현재까지의 대기 중 이산화탄소 농도 변화, 지구자전축 변화, 빙하의 크기와 그에 따른 태양광 반사율(알베도) 변화, 해수면 변화, 식물분포 등의 데이터를 이용해서 과거 유럽 지역의 기후가 어떻게 달라졌는지를 보여 주는 모델을 만들었어요.

그리고 이런 기후변화 모델 위에, 수만 년 동안 호모사피엔스와 네안데르탈인이 유럽 지역에서 퍼지고 사라진 과정을 보여 주는 자료를 덧붙여서 확인해 봤죠. 결과는 어땠을까요? 수만 년간의 변덕스러운 기후변화는 네안데르탈인에게 그다지 중요한 변수가 아니었습니다. 그럴 만했죠. 네안데르탈인은 추위 같은 극한의 기후를 잘 견디도록 적응해 왔으니까요.

네안데르탈인이 맞닥뜨린 재앙은 같은 공간(유럽 지역)에서 생존을 두고 경쟁해야 하는 호모사피엔스였어요. 호모사피엔스가 유럽에 등장해 세력을 넓혀 감에 따라 네안데르탈인의 인구밀도가 점점 낮아졌습니다. 네안데르탈인의 멸종에 영향을 준 결정적 요인은 일부 비관적인 과학자가 예상한 대로 '호모사피엔스의 득세'였죠.

팀머만은 여기에 호모사피엔스를 숙주로 한 바이러스의 영향도 덧붙였습니다. 호모사피엔스와 네안데르탈인이 접촉하면서 호모사피엔스를 따라서 아프리카 동물로부터 옮겨 온 몇몇 바이러스가 네안데르탈인에게 전파됐어요. 유럽과 아시아에 살고 있어서 아프리카의 신종 바이러스에 저항할 면역 체계를 갖추지 못했던 네안데르탈인은 속수무책으로 당할 수밖에 없었죠.

도대체 호모사피엔스와 네안데르탈인 사이에 무슨 일이 있었던 걸까요? 팀머만의 연구 결과를 염두에 두고서 상상력을 발휘해 볼까요. 유럽과 아시아 곳곳에서 둘은 부족한 자원을 두고 경쟁했을 거예요. 그 과정에서 사냥 기술이 좀 더 뛰어나고 상호 협력, 그러니까 사회성이 발달한 호모사피엔스가 승리하는 일이 많았겠죠.

당연히 때로는 크고 작은 싸움과 살육도 있었을 겁니다. 호모사피엔스가 퍼트린 신종 바이러스가 결정타가 되었을 수도 있고요. 이런 일이 반복되면서 네안데르탈인은 점점 호모사피엔스에게 쫓겨 구석으로 몰렸겠죠. 결국 몰릴 대로 몰려 유럽의 끄트머리 스페인 지역에서 최후를 맞았고요.

팀머만의 연구는 불편한 진실을 보여 줍니다. 그는 이렇게 단언합니다. "네안데르탈인의 멸종은 우리 인류가 일으킨 최초의 주요 멸종 사건입니다." 현생인류는 아프리카에서 다른 곳으로 나오자마자 네안데르탈인과 같은 고인류를 멸종시켰어요. 지금도 지구 생태계 곳곳을 파괴하면서 수많은 동식물을 멸종으로 몰아넣는 인류의 행태는 아주 오래전부터 시작되었습니다.

호모사피엔스-네안데르탈인 '잡종'의 승리

물론 네안데르탈인이 완전히 사라지지는 않았어요. 네안데르탈인 여성이나 아이는 죽임당하지 않고 포로로 호모사피엔스의 마을에서 허드렛일을 하며 살아남았겠죠. 그 과정에서 분명히 호모사피엔스-네안데르탈인 커플도 나왔을 테고요. 그렇게 눈이 맞은(때로는 폭력적으로 맺어진) 호모사피엔스-네안데르탈인 커플 사이에서 이종교배의 신인류가 태어난 것입니다.

이종교배로 네안데르탈인 유전자를 몸속에 새긴 호모사피엔스는 자연스럽게 네안데르탈인의 몇몇 특성을 보유하게 되었답니다. 그 가운데는 유라시아의 혹독한 추위를 견디는 특성이나 사냥한 고기의 지방을 잘 소화하는 특성도 있었습니다. 지구 북반구 대부분이 얼음으로 덮인 빙하기에는 네안데르탈인 유전자를 전달받은 '잡종'이 '순종'보다 생존에 유리했어요.

그 결과 몸속에 2퍼센트가량 네안데르탈인 유전자를 지닌 현생인류가 최종적으로 살아남아 오늘날에 이르게 된 것이죠. 네안데르탈인의 유전자를 우리가 지니게 된 까닭입니다.

호모사피엔스와 네안데르탈인의 관계를 살펴보면 흥미로운 교훈도 얻을 수 있습니다. 앞서 살펴봤듯 네안데르탈인이든 호모사피엔스든 '다름'을 배척하고 '순수'에 집착한 이들은 결국 도태됐어요. 반면에 그 과정이야 어떻든 '다름'을 받아들이고 기꺼이 잡종이 된 이들은 변화에 적응해 살아남았죠.

이 이야기는 앞으로 인류가 어떻게 해야 살아남을 수 있을지에 대한 시사점을 줍니다. 2020년 미국은 한창 코로나19 바이러스가 유행하던 상황에서 백인 경찰이 흑인 시민을 죽인 사건(조지 플로이드 사건)이 터지며 인종 갈등이 폭발했어요. 전국적으로 항의 시위가 이어지고, 성난 아프리카계 미국인 가운데 일부는 상점을 약탈하며 동네에 불을 질렀죠.

미국은 세계 각국에서 몰려온 수많은 사람의 열정을 '용광로'처럼 녹여 낸 덕분에, 단기간에 강대국이 될 수 있었습니다. 인종·국적·문화의 '다양성'이 섞이면서 등장한 도전과 혁신으로 짧은 시간에 아시아와 유럽을 압도했죠. 다양성을 토대로 한 잡종의 등장이 미국 성공의 핵심 요인입니다.

하지만 언젠가부터 미국의 정치적·경제적·사회적 갈등 속에서 순수에 집착하는 목소리가 커지고 있어요. 가난한 백인 노동자의 분노를 자극해 대통령이 되었고, 2021년 퇴임 이후 그 지지층의 분노를 결집해 4년 만에 재집권에 성공한 도널드 트럼프 대통령이 공공연하게 이민자를 차별하는 것도 모자라, 백인 편에 서서 인종 갈등을 부추기는 모습은 그 전형적인 예입니다. 이런 상황이 계속된다면 미국은 분명히 도전과 혁신의 잠재력을 잃겠죠.

한국은 어떤가요? 우리는 오랫동안 '단일'민족이라는 환상 속에서 살아왔습니다. 하지만, 앞에서 스반테 페보가 개척한 고유전체학의 연구 성과가 쌓일수록 그 환상은 깨지고 있습니다. 한민족은 지난 수만 년간 북아시아, 중국 등에서 건너온 이주민이 한반도에서 어울리면서 만들어졌어요.

우리는 갈수록 그 숫자가 늘어나는 외국인, 특히 가난한 아시아 곳곳에서 건너온 이주 노동자를 차별하며 그들과 섞이기를 꺼리고 있어요. 그렇게 다름에 거부감을 드러내고 순수에 집착하다 보면, 결국 다양성을 확보할 가능성이 작아집니다. 네안데르탈인의 운명,

또 우리 안의 네안데르탈인 유전자가 던지는 질문의 무게는 가볍지 않습니다.

『제노사이드』도 같은 질문을 던지고 있어요. 이 소설은 갑작스럽게 인류 곁으로 온 신인류(누스)를 중심으로 그들을 배척하려는 순종 세력과 그들과 어울려 보려는 잡종 세력 사이의 대립을 그린 이야기입니다. 누스는 단순히 지적 능력이 뛰어난 존재에 그치지 않습니다. 평범한 인간과 차원이 다른 도덕의식을 포함한 정신까지 지닌 이 '초인류'는 인간의 본성을 드러내는 거울이자 인간 윤리의 시험대 역할을 하죠. 순종 세력에게 누스는 위험 요소입니다. "안타깝지만 우리가 관용을 베풀 수는 없네. 우리보다 머리가 좋은 생물이 있다는 점을 허용할 수 없는 걸세." 그들의 손발이 되어서 살육을 서슴지 않았던 용병 예거는 어떤 선택을 할까요? 그의 불치병에 걸린 아이는 아빠와 행복할 수 있을까요?

高野和明

인류애를 고양하는 작가
다카노 가즈아키

다카노 가즈아키는 20대와 30대 중반까지 영화감독을 지망하면서 영화계에서 경력을 쌓았습니다. 그러다 2001년 서른일곱 살에 데뷔작 『13계단13階段』(2001)이 좋은 평가를 받으면서 본격적으로 작가 활동을 시작합니다. 『13계단』은 사형이 확정된 수감자의 누명을 벗기기 위해 교도관과 살인(상해치사) 전과자가 고군분투하는 과정을 그립니다. 사형수가 기억상실증에 걸려 자신이 한 일을 기억하지 못하는 상황에서, 사건 당시 그의 유일한 기억인 '계단'을 단서로 진범을 추적해 나가죠.

『13계단』의 성공 이후에 『그레이브 디거グレイヴディッガー』(2005), 『KN의 비극K·Nの悲劇』(2006) 등의 작품으로 인기를 끌다가, 6년 동안 침묵하면서 준비하여 펴낸 소설이 바로 『제노사이드』입니다. 『제노사이드』는 일본 안팎으로 주목을 받으며 인기를 끌었죠. 2022년에는 『건널목의 유령踏切の幽霊』을 11년 만에 내놓아서 다시 애독자를 설레게 했습니다.

다카노는 매번 작품을 펴낼 때마다 새로운 소재와 한 편의 영화를 보는 듯한 몰입감 넘치는 이야기로 독자를 홀립니다. 그렇다고 가볍기만 한 것도 아니에요. 『13계단』, 『제노사이드』, 『건널목의 유령』 모두 묵직한 문제의식으로 독자를 불편하게 하면서도 인류애를 고양하는 따뜻함이 있으니까요.

2부

폭로

: 현실을 드러내다

07

『리틀 브라더』 _코리 닥터로우

2008년
Tor Teen

휴대전화 비밀번호를
꼭 지켜야 하는 이유

만약 서울에서 이런 일이 생긴다면 어떨까요? 5월의 어느 날입니다. 퇴근 시간에 한강을 건너려던 차들로 가득한 한남대교가 폭발합니다. 다리를 건너던 자동차가 산산조각 나고 그 안에 타고 있던 많은 사람이 목숨을 잃어요. 끔찍한 테러입니다. 국가정보원을 비롯한 정부 기관이 곧바로 범인 색출에 나섭니다.

테러가 일어났을 때, 한남대교 근처의 한강공원에서 열일곱 살 고등학생 몇몇이 학교를 빼먹고 증강 현실(augmented reality, AR) 게임을 하고 있었어요. 국정원은 바로 이 고등학생들을 테러 용의자로 지목합니다. 현장에서 잡힌 고등학생들은 부모와의 연락도 차단당한 채 며칠간 자백을 강요당하다가 풀려납니다. 그 가운데 한 친구는 생사도 알려지지 않은 채 행방불명되고요.

무슨 일인지 영문도 모르고 며칠 동안 고초를 겪은 고등학생들은 풀려난 뒤에도 마음을 놓을 수 없습니다. 어디서 무엇을 하든지 감시의 눈길이 번뜩이고 있으니까요. 계속해서 연락이 닿지 않는 친구의 사정도 궁금합니다. 혹시 무서운 고문을 당하다가 죽은 건 아닐까요? 이제 그들은 어떻게 될까요?

상상만 해도 끔찍한 상황입니다. 코리 닥터로우^{Cory Doctorow}의 『리틀 브라더^{Little Brother}』(2008)는 바로 이런 끔찍한 일을 겪은 열일곱 살 고등학생 마커스 얄로우의 이야기입니다. 어느 날, 미국 샌프란시스코의 다리와 지하철에서 연쇄 테러가 일어납니다. 마침 테러 현장 근처에는 학교를 빠지고 친구들과 게임하던 아마추어 해커 마커스가 있었습니다.

마커스는 테러 현장 근처에 있었다는 이유만으로 친구와 함께 정보기관(국토안보부)에 붙잡힙니다. 그다음은 앞서 이야기한 대로입니다. 마커스와 친구들은 어떻게 될까요?

『리틀 브라더』의 진짜 무대는 대한민국

『리틀 브라더』는 2008년에 쓰인 소설입니다. 2001년 9·11 테러 이후, 정보기관의 감시가 기승을 부리며 미국 시민의 자유가 위축된 상황 속에서 쓰였어요. 하지만 가까운 미래의 미국 사회를 상상해서 쓴 이 소설을 읽다 보면 깜짝 놀랄 수밖에 없습니다. 소설이 그리는 샌프란시스코가 한국과 놀랍도록 흡사하기 때문이죠.

소설 속에서 시민들의 일거수일투족은 디지털 흔적을 남깁니다. 정보기관은 그런 디지털 흔적을 토대로 마커스를 비롯한 개개인을 감시하죠. 놀라운 건, 이 감시가 모두 합법적이고 일상적이라는 점입니다. 지금의 한국도 마찬가지입니다. 대다수 성인은 신용카드로 버스, 지하철, 택시 요금을 결제합니다. 그 흔적만 모으면 몇 시에 어디서 승차해 어디서 하차했는지를 추적할 수 있어요.

공공과 민간의 CCTV와 수많은 자동차에 달린 블랙박스 카메라는 또 어떻고요? 드라마나 영화를 통해서 확인할 수 있듯이 온갖 곳에 숨어 있는 감시 카메라는 지금도 시민들의 일상생활을 낱낱이 촬영하고 있습니다. 그런 감시 카메라 여러 대를 이용하면 한 개인의 하루를 고스란히 파악할 수 있죠.

휴대전화는 어떨까요? 소설 속에서 마커스는 '처음에는' 정보기관 요원의 압박에도 휴대전화 비밀번호를 알려 주길 거부해요. 휴대전화에 테러 준비와 같은 위험한 내용이 있어서가 아닙니다. 휴대전화 안에는 마커스와 친구들의 시시콜콜한 사생활이 고스란히 들어 있어요. 마커스는 그런 사생활을 타인이 마음대로 들여다볼 수 있도록 허락하는 일을 참을 수 없던 것이죠.

마커스의 걱정대로입니다. 하루 종일 손에 꼭 쥐고 다니는 휴대전화에는 한 개인의 거의 모든 것이 새겨져 있어요. 휴대전화의 GPS만 켜 놓으면 실시간으로 위치가 사방에 노출됩니다. 가족이나 친구와 주고받은 메시지, 사적인 메모나 일기, 수입과 지출 내역, 사진과 동영상 등 공개하면 안 될 내밀한 사정도 휴대전화만 들여다 보면 엿볼 수 있죠.

개인정보와 휴대전화의 뗄 수 없는 관계는 그 주인이 범죄 피의자가 되었을 때 명확하게 드러나요. 경찰이나 검찰은 기를 쓰고 휴대전화를 확보하려고 합니다. 일단 휴대전화만 손에 넣어서 그 안의 정보를 탈탈 털면 범죄의 단서를 찾을 수 있으니까요. 그러니 무엇인가를 숨기려는 사람이 가장 신경 써서 없애야 할 것도 바로 휴대전화입니다.

이런 이야기를 들은 적이 있습니다. 검찰이 한 대기업을 압수수색 하려고 하자 그 기업의 변호사가 가장 먼저 이렇게 조언했대요. "지금 당장 업무를 담당했던 직원들에게 한강으로 가라고 하세요. 그리고 앞뒤 가리지 말고 휴대전화를 한강에 던지라고 하세요!" 휴대전화를 영원히 찾을 수 없도록 제거해야 범죄의 증거를 없앨 수 있으니까요.

소설 속의 마커스는 (구글, 네이버, 마이크로소프트, 애플, 카카오, 메타 등과 같은) 대기업이 제공하는 이메일, 메신저, 온라인 커뮤니티 서비스 등도 신뢰하지 않습니다. 이런 서비스에는 항상 이용자가 모르는 뒷문(back door)이 있어요. 정보기관은 마음만 먹으면 그 뒷문으로 들어가서 개인의 정보를 들여다볼 수 있고, 기업은 이런 사실을 알고도 모른 척합니다.

경찰에게 뒷조사를 당한 사연은?

실제로 국내에서 경찰이나 검찰이 이동통신사, 메일이나 메신저 서비스를 제공하는 기업에 가입자의 개인정보 열람을 요청해 논란이 된 적이 있습니다. 이참에 개인적인 경험을 하나 공유할까요? 박근혜 정부 때 있었던 일입니다. 경찰이 이동통신사에 요청해서 '2385'로 시작하는 제 번호가 누구 것인지를 확인해 간 사실을 뒤늦게 알게 됐어요.

이런 사정이었습니다. 그 당시 경찰은 한 시민운동가의 행적을 은밀히 감시하는 중이었어요. 이동통신사를 통해서 경찰은 그 시민운동가가 통화나 문자를 주고받은 전화번호 리스트를 입수했습니다. 그리고 그 전화번호의 실제 주인이 누구인지를 일일이 확인한 것이죠. 그 가운데는 평소 그 시민운동가와 연락을 주고받던 저도 포함돼 있었습니다.

통화 내용을 직접 엿들은 것도 아니고, 문자메시지 내용을 확인한 것도 아닌데 뭐가 문제냐고요? 놀라지 마세요. 한 사람이 언제, 누구와 통화나 메시지를 주고받았는지만 확인해도 여러 가지를 알 수 있어요. 스탠퍼드대학 연구 팀은 수개월간 자원자 546명이 주고받은 전화 데이터를 확인해서 분석한 결과를 발표했어요.[10]

연구 결과는 섬뜩합니다. 참가자 B는 대형 병원 심장병 전문의와 오랫동안 이야기를 나눴고, 약국에서 걸려 온 전화를 받았습니다. 또 심부정맥 의료 기기 회사 고객센터와 간단히 통화했어요. 연구 팀은 공개된 정보로 참가자 B가 심장병에 걸린 사실을 확증했습니다. 또 참가자 D는 3주 동안 자물쇠 수리인, 수경 재배 식물 판매업자, 마약 관련 물품 가게에 전화를 걸었습니다. D는 뭘 했을까요? 한편, 참가자 E는 어느 날 이른 아침에 언니와 오랫동안 연락했어요. 이틀 뒤 그는 가족계획 사무소에 연달아 전화를 걸었고, 2주 뒤에 다시 짧게 통화했습니다.

사안의 민감성 때문에 연구 팀이 확인하진 않았지만, D는 집에서 대마초를 재배했고 E는 임신중절수술(낙태)을 했다고 짐작할 수 있습니다. 어떻습니까? 구체적인 통화나 메시지의 내용(데이터)을 모르더라도, 통화를 주고받은 사람과 시간(이런 데이터를 '메타데이터'라고 부릅니다)만으로도 한 사람의 일상을 충분히 재구성할 수 있습니다. 그러니 정부나 기업이 '우리는 시민이나 고객의 메타데이터만 수집한다'고 변명해도 고개를 끄덕여서는 안 됩니다.

『리틀 브라더』의 설정은 더 이상 허구가 아닙니다. 정보기관, 테러 집단, 특정 기업 등 어떤 세력이 마음만 먹는다면 한 개인의 삶을 송두리째 감시할 수 있어요. 조지 오웰^{George Orwell}이 소설『1984』

(1949)에서 그렸던 '감시 사회'가 21세기에 현실이 된 것입니다.『리틀 브라더』는 바로 그런 세상의 '감시하는 자'와 '감시당하는 자' 사이의 힘겨루기를 다룬 이야기입니다.

사생활, '나'의 전제조건

이 대목에서 궁금해집니다. '마커스가 아무런 잘못을 저지르지 않았다면, 떳떳하다면 굳이 개인정보를 지키려고 저토록 안간힘을 쓸 필요가 있을까?' 이 질문에 답하려면 프라이버시(privacy), 즉 사생활을 지키는 일이 갖는 의미를 진지하게 성찰해야 합니다. 사생활은 생각보다 훨씬 더 중요합니다.

놀랍게도 '사생활'은 인류 역사에서 아주 최근에 등장한 개념입니다. 그럴 만합니다. 왕이나 귀족 같은 소수의 특권계층을 제외한 대다수 인류는 오랫동안 할머니, 할아버지부터 손녀, 손자까지 3대가 방 하나를 같이 썼어요. 18세기까지만 해도 프랑스 파리에 거주하던 가정의 약 75퍼센트가 이렇게 방 하나를 함께 썼죠.

『사생활의 역사 Histoire de la vie privée』(1985~1987)를 편집한 프랑스 역사학자 미셸 페로 Michelle Perrot에 따르면, 침실을 표현하는 가장 오래된 단어 '잠자는 방(chambre à coucher)'이 프랑스어 사전에 등재된 시기는 18세기 중반입니다. 이렇게 사생활을 상징하는 단어 '침실'

이 사전에 오르고 나서도 오랫동안(무려 20세기 초까지) 노동자나 가난한 농민은 방 하나에서 가족 전체가 생활해야 했어요.

그러다 보니 지금의 상식으로는 도저히 이해할 수 없는, 어처구니없는 모습도 역사 속에서 살필 수 있습니다. 『수상록 Les Essais』 (1580)의 작가 미셸 드 몽테뉴 Michel de Montaigne는 종교 전쟁을 끝낸 '낭트칙령'(1598년 4월 13일)으로 유명한 앙리 4세의 신임을 받는 신하였어요. 몽테뉴를 만날 때 앙리 4세는 종종 대변을 보고 있었죠. 대변을 보던 왕은 가림막도 없이 신하와 이야기를 나누면서도 부끄러워하지 않았습니다.

유럽에서는 19세기가 되어서야 사람들의 머릿속에 왕이나 국가와 같은 절대 권력으로부터 침해받지 않는 '개인의 권리', 더 나아가 타인의 시선으로부터 자유로운 '나만의 영역'이라는 개념이 자리 잡았어요. 바로 이런 나만의 영역에서 공동체(국가, 교회, 마을, 가족 등)와 다른 오늘날의 '개인'이 등장했습니다. 그러니 프라이버시는 '나', 그러니까 개인의 전제 조건입니다. 마커스는 이렇게 말합니다.

> 삶의 귀퉁이에 있는 자기만의 공간, 자기 외에는 아무도 볼 수 없는 공간이 사람을 진정으로 자유롭게 만들어 준다. (…) 지금부터 똥덩어리를 배출할 때마다 뉴욕 타임스스퀘어 한가운데에 설치된 유리방에 들어가서 옷을 홀딱 벗어야 한다는 법령을 정하면 어떻게 될까?

> (…)
>
> 이건 부끄러움에 대한 문제가 아니라 '사생활'에 대한 문제다. 사생활은 나에게 속한 나만의 삶이다.
>
> — 코리 닥터로우, 『리틀 브라더』(최세진 옮김, 이작, 2015), 71쪽

    누구나 남과 공유하고 싶지 않은 나만의 사생활이 있습니다. 그리고 그런 사생활은 남들이 뭐라 말하든 지금의 나를 구성하는 가장 중요한 요소 가운데 하나입니다. 만약 사생활이 송두리째 사라진다면, 심지어 강제로 공개된다면 그때 받을 충격은 생각보다 훨씬 클 수 있어요. 소설 속 마커스가 바로 단적인 예입니다.

    끝내 마커스는 공포를 이기지 못하고 휴대전화의 비밀번호를 털어놓습니다. 이렇게 휴대전화 암호를 알려 주고 나서, 강제로 자신의 사생활을 모두 빼앗기자 마커스는 무너지고 맙니다. 자신을 감금한 이들이 원하는 모든 것을 들어주죠. 나만의 방이 파괴되자 개인의 권리를 지키는 일이 불가능해진 것입니다.

    물론 『리틀 브라더』의 마커스는 좌절하지 않습니다. 사생활부터 시작해서 모든 것을 빼앗긴 마커스는 통쾌한 복수를 시작합니다. 그는 자신을 감시하는 '빅 브라더'의 과학기술을 활용해서 친구를 구하고, 더 나아가 테러의 공포를 이용해 민주주의를 전복하려는 국가기관의 음모를 파헤칩니다. 이 글을 읽는 여러분이 마커스 같은 상황이었다면 어땠을까요?

저세기의 조지 오웰
코리 닥터로우

『리틀 브라더』의 작가 코리 닥터로우는 과학기술을 둘러싼 국가, 기업 권력과 시민 사이의 긴장 관계에 주목하는 SF 작가입니다. 닥터로우는 작가로서만이 아니라 세계적으로 유명한 정보 공유 운동, 즉 카피레프트(copyleft) 운동을 이끄는 활동가로도 유명합니다. 『리틀 브라더』 속에 들어 있는 감시 사회를 둘러싼 깊이 있는 고민이 어디서 비롯되었는지 알 만하죠?

이뿐만이 아닙니다. 인터넷 사이트 하단에서 "이 사이트의 콘텐츠는 크리에이티브 커먼즈 라이선스(Creative Commons License)를 따릅니다"라는 공지를 본 적이 있나요? 이 공지가 있으면, 그 인터넷 사이트의 자료를 비상업적 목적으로 마음껏 이용할 수 있어요. 바로 닥터로우가 이 '크리에이티브 커먼즈 라이선스'를 처음으로 제안하고 보급했답니다.

2013년 미국의 정보기관에서 일했던 에드워드 스노든Edward Snowden은 미국 정부가 미국을 비롯한 전 세계 시민의 사생활을 무차별로 수집해 온 사실을 폭로했어요. 스노든은 미국 정보기관을 피해서 현재는 러시아로 망명해 있습니다. 그런데 스노든이 도피 중에 읽던 책이 바로 닥터로우가 『리틀 브라더』의 속편으로 펴낸 『홈랜드Homeland』(2013)여서 화제가 되기도 했어요. 『홈랜드』에서 미국 정부의 치부를 공개하고자 고군분투하는 마커스의 모습에 스노든이 공감하지 않았을까요?

「역사에 종지부를 찍은 사람들」 _켄 리우

2016년
Saga Press

기록되지 않은 진실은 어떻게 역사가 되는가

일본제국의 전쟁에 성 노예로 끌려가 이역만리 타국에서 갖은 수모를 당했던 소녀들이 있습니다. 다행히 살아남아 해방된 조국에서 삶을 이어 가던 이들은 자신이 당했던 끔찍한 폭력에 오랫동안 침묵했습니다. 1924년 만주 지린에서 태어나, 만 17세의 나이에 일본군 '위안부'로 끌려갔던 고(故) 김학순 할머니도 그랬습니다.

평생 고생하며 가난하게 살아가던 김학순 할머니는 만 66세이던 1991년 8월 14일, 세상을 향해 입을 열었습니다. "나는 일본군 '위안부' 피해자입니다!" 국내 거주자로는 처음으로 일본군 '위안부' 피해를 실명으로 증언한 것이죠. 김학순 할머니의 용기 있는 행동은 잇따른 고발로 이어졌습니다.

1926년 경남 양산에서 태어나, 만 14세의 나이에 일본군 '위안부'로 끌려갔던 고(故) 김복동 할머니도 김학순 할머니의 고발에 응답했어요. 김복동 할머니도 만 65세이던 1992년 3월, 세상을 향해 똑같이 외쳤습니다. "나도 일본군 '위안부' 피해자입니다!" 김학순 할머니가 1997년 12월 16일 한(恨) 많은 세상을 뜨고 나서도, 김복동 할머니는 계속해서 목소리를 높였어요.

김복동 할머니는 1992년부터 전 세계 곳곳을 누비며 일본군 '위안부'로 끌려가 성 노예로 수모를 당한 수많은 여성의 피해 사실을 증언했습니다. 두 할머니의 용기와 실천은 일본군 '위안부'의 실상을 알고서 전 세계가 분노하게 된 계기가 되었죠. 2019년 1월 28일, 김복동 할머니도 숨을 거뒀어요.

애초에 김학순 할머니가 세상의 따가운 시선을 무릅쓰고 용기 있게 나선 데는 이유가 있어요. 1990년 6월 일본 정부가 "일본군은 군 '위안부' 문제에 관여하지 않았다"며 발뺌하자 이에 격분해서 폭로를 결심한 것이죠. 그런데 김학순 할머니에 이어서 김복동 할머니까지 세상을 떠난 지금까지도 일본 정부는 여전히 일본군 '위안부'에 대한 직접적인 책임을 부인하고 있습니다.

분통이 터집니다. 화를 추스르며 상상해 봅니다. 할머니들이 일본군 '위안부'로 끔찍한 일을 당하던 그 시점의 일을 그대로 볼 수 있다면 어떨까요? 만약 그런 일이 가능하다면, 끊임없이 반복되는 일본 정부의 부인(否認)을 멈출 수 있을까요? 2016년 출간된 켄 리우Ken Liu의 단편집에 수록된 「역사에 종지부를 찍은 사람들: 동북아시아 현대사에 관한 다큐멘터리The Man Who Ended History: A Documentary」(2011)는 바로 그런 상상을 그린 SF입니다.

과거를 직접 보는 시간 여행

일본 정부가 전쟁 책임을 부인하면서 생기는 문제는 일본군 '위안부' 할머니의 피해뿐만이 아닙니다. 혹시 일본군이 제2차 세계대전이 한창일 때 만주에서 운영하던 '731부대'를 들어 본 적이 있나요? 일본군은 그 부대에서 전쟁 포로를 상대로 차마 입에 담기도 끔찍한 생체 실험과 대량 학살을 자행했습니다. 하지만 현재까지 일본 정부는 731부대의 실상을 숨기고 있어요.

소설은 바로 이 731부대를 겨냥합니다. 소설 속 물리학자 아케미 기리노와 역사학자 에번 웨이 부부는 과거의 특정한 장소와 시간으로 돌아간 뒤 그곳에서 실제로 무슨 일이 있었는지 직접 살필 수 있는 시간 여행(?) 장치를 개발합니다. 그냥 보기만 할 뿐이니 과거에 영향을 줄 일은 없습니다. 하지만 과거의 한순간을 딱 한 번만 볼 수 있는 한계가 있죠.

기리노와 웨이는 이 시간 여행 장치로 "731부대의 전성기였던" 1940년대를 보고자 합니다. 시간 여행자 가운데는 실제로 고모를

731부대에서 잃은 릴리언도 있습니다. 그는 1941년 1월 6일과 6월 8일, 두 번에 걸쳐서 731부대를 둘러봅니다. 놀랍게도 그곳에 고모가 있습니다.

릴리언은 열일곱 살 고모가 731부대에 끌려가자마자 끔찍한 성폭행을 당하고, 더 나아가 다른 남성 포로와 원하지 않은 성관계를 강요당한 사실을 목격합니다(1월 6일). 그러고 나서 5개월 뒤에 다시 찾아가서 본 고모는 온몸이 만신창이예요(6월 8일). 심지어 임신까지 한 상태입니다. 도대체 무슨 일이 있었던 걸까요?

소설은 고모가 당한 끔찍한 생체 실험을 전(前) 731부대원의 증언을 통해서 고발합니다. 릴리언은 바로 이런 일을 눈으로 생생히 목격한 거예요.

> 매독을 비롯한 성병의 진행 양상을 연구하기 위해 저희는 실험 대상인 여자들을 감염 시점에 따라 짧은 간격으로 분류한 다음, 산 채로 해부했습니다. 성병이 살아 있는 장기에 미치는 영향을 이해하는 것이 관건이었던 데다, 생체 해부를 하는 과정에서 귀중한 외과 수술의 기술 또한 연마할 수 있었기 때문입니다. (…)
> 한번은 임신한 여자를 생체 해부 했던 기억이 납니다. 처음에는 클로로포름을 안 썼는데, 여자가 시끄럽게 애원하는 겁니다. '저는 죽이셔도 돼요, 하지만 제 아기는 죽이지 마세요'라면서. 그래서 클로로포름으로 조용히 시킨 후에 해부를 마쳤습니다.

> 저희 의무대에는 임신부의 체내를 본 사람이 한 명도 없었기 때문에 매우 귀중한 기회였습니다.
>
> ― 켄 리우, 『종이 동물원』(장성주 옮김, 황금가지, 2018), 510~511쪽

731부대에서는 이보다 훨씬 더 끔찍한 일도 버젓이 행해졌다는 여러 증언이 있습니다. 하지만 이런 증언에도 불구하고 일본 정부는 731부대의 만행을 부인하고 있습니다. 일본 정부는 '증거'를 대라고 되레 목소리를 높여 왔죠. 그렇다면 릴리언을 비롯한 유족들이 시간 여행 장치를 이용해 과거로 돌아가서 731부대의 진실을 보고 온 다음에는 상황이 바뀌었을까요?

정반대입니다. 역사의 진실을 직접 들여다볼 수 있는 기회가 생겼음에도 오히려 논란만 증폭됩니다. 일본 정부뿐만 아니라 다수의 역사학자마저도 이렇게 반박하죠. '릴리언 같은 특정인이 목격하고 진술하는 과거의 이야기가 과연 신뢰할 만한가?' '사료(史料)가 뒷받침되지 못한 증언만으로 진실을 보증할 수 없다.'

소설 속의 한 역사학자는 단호히 이렇게 말합니다. "그곳에서 일어난 모든 일을 확신을 갖고 서술할 만한 증거가 우리에게 없다는 것입니다." 이런 반발이 이어지자 과거로 돌아가서 역사의 진실을 밝혀내려는 기리노와 웨이의 시간 여행도 금지당합니다. 그리고 731부대의 진실은 여전히 오리무중으로 남죠.

역사의 진실을 둘러싼 힘겨루기

소설에서 '증거가 없다'고 목소리를 높이는 역사학자의 인식은 19세기 독일의 역사학자 레오폴트 폰 랑케 Leopold von Ranke 로 거슬러 올라갑니다. 랑케는 역사학을 '어떤 일을 실제로 일어난 대로 밝히는' 학문으로 정의했어요. 그 뒤 수많은 역사학자는 역사의 증거를 찾는 데 몰두해 왔습니다. 그 증거 안에 역사의 진실이 숨겨져 있다고 생각했죠.

랑케의 주장에 모두가 동의했던 것은 아닙니다. 랑케 이후 여러 역사학자가 '어떤 일을 실제로 일어난 대로 밝히는' 게 가능한지 의심했죠. 유명한 역사학자 E. H. 카 E. H. Carr 도 그랬습니다. 카는 『역사란 무엇인가 What Is History?』(1961)에서 "역사적 사실은 기록자의 마음을 통해서 항상 굴절"되기 때문에 "역사가는 결코 '순수한' 형태의 사실을 얻을 수 없다"고 강조했어요.

더구나 역사학자의 기록은 권력과 뗄 수 없는 관계를 맺고 있습니다. 예를 들어, 우리는 로마제국이 무너뜨린 서유럽에 살고 있던 수많은 고대 원주민의 존재를 로마의 역사가 타키투스 Tacitus 의 기록을 통해서야 확인할 수 있어요. 당연히 승자(타키투스)의 기록으로 남겨진 패자(원주민)의 모습은 실제(사실)와는 크게 다를 것입니다.

더 나아가 역사 속에서 힘이 없는 보통 사람은 기록을 남기는 일이 쉽지 않았어요. 우리는 조선 시대 왕이 매일 어떤 음식을 먹었는

지까지 확인할 수 있습니다. 하지만 조선 시대 보통 사람의 일상생활을 재구성하려면 과감한 상상력이 필요합니다. 증거로 채울 수 없는 빈구석이 한둘이 아니기 때문이죠.

일본군 '위안부' 할머니의 고통이나 731부대에서 일본군이 저지른 만행을 놓고서 일본 정부가 '사실'이라고 인정하지 않으며 발뺌하는 일도, 역사와 권력의 관계를 염두에 두면 고개가 끄덕여집니다. 김학순, 김복동 할머니나 731부대에서 희생당한 조선인, 중국인 등은 그 당시 가장 힘이 없는 식민지 사람이었습니다.

종전 이후에 오랫동안 한국과 중국은, 미국의 지원을 받아서 경제 대국으로 거듭난 일본과는 비교할 수 없을 정도로 국력이 약했어요. 겨우 목숨만 건진 김학순, 김복동 할머니나 731부대에서 희생당한 이들의 가족은 가난한 나라에서 먹고살기도 버거웠습니다. 그렇게 시간이 흐르면서 증거는 하나둘씩 사라지고 마지막으로 생존자의 증언만 남은 것이죠.

시간 여행으로 역사의 진실을 찾으려던 기리노와 웨이는 바로 이런 답답한 상황을 개선하고자 했습니다. 과거에 있었던 일을 현재의 사람이 직접 목격할 수 있다면, 역사를 둘러싼 수많은 논쟁에 말 그대로 '종지부'를 찍을 수 있으리라고 기대한 것이었죠. 하지만 소설은 그런 시간 여행 장치마저도 역사의 진실을 찾기는커녕 도리어 논란만 증폭시키는 상황을 보여 줍니다.

어쩌면 기리노와 웨이는 순진했습니다. 아우슈비츠 수용소에서 살아남은 이탈리아의 작가 프리모 레비(Primo Levi)의 경험을 염두에 두면 더욱더 그래요. 제2차 세계대전 때, 독일 나치스는 아우슈비츠 수용소를 비롯한 유럽 곳곳에서 유대인과 전쟁 포로를 독가스와 고된 노동 등으로 학살했습니다(홀로코스트). 레비는 전쟁이 끝날 무렵 수용소로 끌려갔다가 기적적으로 살아남았죠.

레비처럼 수용소에서 무슨 일이 있었는지를 직접 보고 겪은 사람이 한둘이 아니었어요. 하지만 전쟁이 끝나고 이탈리아로 돌아온 레비는 아연실색합니다. 자신이 겪은 끔찍한 일을 사람들이 제대로 알지 못했기 때문이죠. 그는 잊히기 전에 자기 경험을 증언해야겠다는 절박한 심정으로 증언 문학의 고전 『이것이 인간인가(Se questo è un uomo)』(1947)를 펴냅니다.

하지만 레비의 노력에도 불구하고 홀로코스트는 잊히기 시작했어요. 그 과정에서 수많은 독일인은 물론이고 아우슈비츠 수용소에서 레비와 함께 있던 독일인마저도 그런 학살이 있었다는 사실을 '모른다'고 발뺌했습니다. 급기야 몇몇 역사학자와 선동가는 홀로코스트가 '과장'되었거나 '나치스의 조직적인 개입은 없었다'고 주장하기에 이르렀죠.

결국, 레비는 1987년 4월 11일 이탈리아 토리노의 자택에서 스스로 목숨을 끊었습니다. 아우슈비츠 수용소에서 간신히 살아남아서 평생 '이것이 인간인가'를 질문했던 레비로서는 이런 '부인'의 분위기가 견딜 수 없는 고통이었을 것입니다.

역사의 진실은 과거로부터 선물처럼 (어떠한 사실로서) 주어지는 것이 아닙니다. 「역사에 종지부를 찍은 사람들: 동북아시아 현대사에 관한 다큐멘터리」는 현재를 살아가는 우리의 고민과 실천이야말로 역사의 진실을 찾는 길임을 역설합니다. 김학순, 김복동 할머니 등이 용기를 냈을 때 비로소 일본군 '위안부'의 진실이 세상에 알려졌듯 말이죠. 소설 속 역사학자 웨이는 이렇게 목소리를 높입니다.

> 어떠한 국가도 어떠한 역사학자도, 진실의 모든 측면을 완전히 아우르는 이야기를 들려줄 수는 없습니다. 그러나 모든 이야기는 만들어진 것이고 그렇기 때문에 진실에서 동떨어졌다는 말은 사실이 아닙니다. (…)
> 우리가 완전하고 완벽한 지식을 결코 얻을 수 없다는 사실은 악을 심판하고 악에 맞서야 할 우리의 도덕적 의무를 면제해 주지 않습니다.
> — 켄 리우, 『종이 동물원』(장성주 옮김, 황금가지, 2018), 538쪽

여러분은 웨이의 말이 공감되나요? 역사 속에서 진실을 찾는 일은 살아남은 자들의 영원한 과제입니다.

KEN LIU

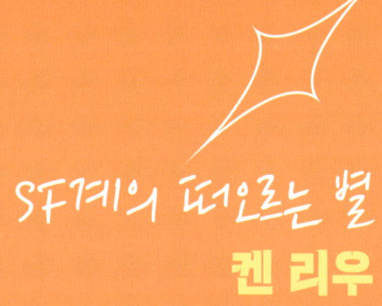

SF계의 떠오르는 별
켄 리우

「역사에 종지부를 찍은 사람들: 동북아시아 현대사에 관한 다큐멘터리」는 켄 리우의 소설집 『종이 동물원The paper menagerie and other stories』(2016)에 실린 SF입니다. 리우는 다큐멘터리 형식을 빌려서, 시간 여행으로 731부대를 둘러싼 역사의 진실을 찾으려는 과학자-역사학자 부부의 노력과 좌절을 그립니다.

리우는 어릴 때 부모를 따라 중국에서 미국으로 이주한 중국계 미국인입니다. 같은 책에 실린 「종이 동물원The Paper Menagerie」(2011) 같은 작품이 높은 평가를 받으면서 'SF계의 떠오르는 별'로 주목받고 있는 작가죠. 『종이 동물원』 이후에도 「어딘가 상상도 못 할 곳에, 수많은 순록 떼가Altogether Elsewhere, Vast Herds of Reindeer」(2011), 「신들은 죽임당하지 않을 것이다The Gods Have Not Died in Vain」(2015), 「은랑전The Hidden Girl」(2017) 같은 작품이 계속해서 국내에 소개되고 있습니다.

리우는 최근에는 한(漢)나라 유방과 초(楚)나라 항우의 '천하 통일'을 둘러싼 경쟁(기원전 206년~기원전 202년)을 그린 『초한지』를 재해석해서 SF 판타지로 다시 쓴 『제왕의 위엄The Grace of Kings』(2015)으로 새로운 실험을 계속하고 있습니다. 그는 19세기 증기기관 기반 상상력에 뿌리를 둔 '스팀펑크(steampunk)' 대신, 동아시아 전통 기술과 서사를 바탕으로 한 '실크펑크(silkpunk)'라는 장르를 새롭게 규정했죠.

한 가지만 덧붙일까요. 유명한 넷플릭스 드라마 〈삼체The Three-Body Problem〉(2024)의 원작 소설인 류츠신劉慈欣의 『삼체三體』(2008)를 영어권에 번역해서 처음으로 소개한 번역가가 바로 켄 리우랍니다.

![09]

『모털 엔진』_필립 리브

2001년
Scholastic

도시를 잡아먹는 도시

> 바람이 세차게 불고 하늘은 잔뜩 찌푸린 어느 봄날, 런던시는 바닷물이 말라 버린 옛 북해를 가로질러 작은 광산 타운을 추격하고 있었다.
>
> — 필립 리브, 『모털 엔진』(김희정 옮김, 부키, 2010), 11쪽

엄청난 파괴력의 폭탄을 주고받은 전쟁이 끝나고 3,000년이 흘렀습니다. 살아남은 소수의 인류는 캐터필러가 달린 '견인 도시(traction city)'를 만들어 폐허가 된 지구를 누빕니다. 전쟁으로 폐허가 된 땅이, 인간이 살 수 없을 정도로 오염되었기 때문이죠. 열다섯 살 톰 내츠워디가 살아가는 도시는 과거에 존재했던 대도시의 이름

을 딴 '런던'이에요.

견인 도시들이 누비는 폐허는 약육강식의 세계입니다. 런던과 같은 큰 도시는 작은 도시를 말 그대로 '잡아먹습니다'. 작은 도시가 가진 자원을 빼앗고, 그 도시에 살던 시민은 노예로 부리죠. "큰 도시는 작은 도시를 먹어 치우고, 작은 도시는 더 작은 마을을 먹어 치우고, 작은 마을은 자기보다 더 작은 정착촌을 먹어 치우고…." 이런 모습이 "자연의 법칙"처럼 받아들여지는 세상입니다.

이뿐만이 아니에요. 톰이 사는 견인 도시 런던 안에도 계급에 따라 철저하게 나뉜 상층과 하층이 있습니다. 부자는 상층 갑판의 고급 주거지역에서 사치스러운 생활을 하며 흥청망청 살아갑니다. 아래로 내려갈수록 가난한 사람이 머물죠. 상층 갑판에 사는 부자들의 사치는 하층 갑판의 가난한 사람과 범죄자, 노예의 헌신으로 유지됩니다.

끔찍하고 기발하죠? 필립 리브Philip Reeve는 『모털 엔진Mortal Engines』 (2001)에서 상상력이 돋보이는 세상을 창조했습니다. 흥미로운 이 설정에 혹해서 '반지의 제왕' 시리즈의 피터 잭슨 감독이 제작과 각본을 맡아 영화로 만들기도 했어요. 리브의 『모털 엔진』은 『사냥꾼의 현상금Predator's Gold』(2003), 『악마의 무기Infernal Devices』(2005), 『황혼의 들판A Darkling Plain』(2006)으로 이어지는 '견인 도시 연대기'의 첫 번째 소설입니다.

그런데 『모털 엔진』에서 묘사하는 세계가 왠지 낯설지 않아요.

그렇습니다. 이 소설은 지금 인류가 안고 있는 가장 심각한 문제인 '불평등'을 고발합니다.

공간 불평등, 미래가 사라진 산업도시

『모텔 엔진』에서 먼저 눈에 띄는 설정은 큰 도시가 작은 도시를 잡아먹는 모습입니다. 대다수는 이 설정이 현실을 풍자한다는 사실을 눈치챘을 거예요. 서울 같은 대도시가 지방 도시로부터 자원과 사람을 흡수하는 현상을, 큰 도시가 작은 도시를 잡아먹는 장면으로 묘사한 것이죠. 현실에서는 이런 상황이 심해져서 지방 도시가 아예 자취를 감추는 '지방 소멸'을 걱정해야 할 정도예요.

이런 '공간의 불평등'이 일으키는 가장 심각한 문제는 일자리 감소입니다. 실업의 무서움은 아무리 강조해도 지나치지 않아요. 일자리를 잃으면 곧바로 격차가 생깁니다. 먹고살기가 팍팍해지면 마음속에 혐오와 증오가 똬리를 틉니다. 결국 이는 범죄, 테러, 전쟁의 불씨로 연결되죠.

심지어 배가 고프면 판단력도 흐려집니다. 절박한 상황의 가난한 사람을 노리는 사기가 그토록 성행하는 것도 이 때문이죠. 가난한 사람을 상대로 한 가짜뉴스와 거짓 선동이 먹히는 이유도 같은 맥락에 있습니다. 여러 방법을 놓고서 이것저것 따져 볼 여유가 없는 배곯은 사람은 가짜뉴스와 거짓 선동의 희생양이 됩니다. 그 결과는 뿌리째 흔들리는 민주주의입니다.

바로 이런 실업의 문제가 있는 곳(공간)에 격차가 생깁니다. 미국이 좋은 본보기죠. 금융과 정보 기술(IT) 산업으로 부가 쌓인 미국의 동부와 서부에는 좋은 일자리가 많습니다. 반면에 한때 미국의 대표적인 성장 동력이었던 자동차 산업을 비롯한 제조업이 있던 중서부, 북동부 지역은 심각한 위기 상황입니다.

미국 중서부 북부 지역인 위스콘신주의 제인스빌이 대표적인 예입니다. 이곳의 GM(General Motors) 공장은 1923년부터 85년간 수많은 자동차를 생산해 왔어요. 할아버지, 아버지가 GM 공장의 노동자였고, 손주도 당연히 자신의 미래는 이곳 공장노동자라고 생각했죠. 하지만 2008년 12월 23일, 그 자동차 공장이 멈췄습니다. 공장이 멈추고 나서 제인스빌에선 무슨 일이 일어났을까요?

소설이나 영화에 나오는 기적 같은 일은 없었습니다. 갑자기 일자리를 잃은 사람들은 절망하지 않고 다시 한번 새롭게 도전해 보려 안간힘을 썼어요. 공동체의 선한 사람 여럿도 이웃을 실업의 나락에서 구하고자 발버둥 쳤습니다. 하지만 대세를 거스르기에는 역부족이었죠. 10년이 지나도록 이 도시의 대다수는 일자리를 구하지 못한 채 절망에서 헤어 나오지 못했습니다.

미국, 한국을 비롯한 산업국가 곳곳에서 이런 일이 진행 중입니다. 전라북도 군산시도 그렇습니다. 2017년 7월 1일 군산의 현대중공업 조선소가 가동 중단 되고, 2018년 6월 1일 한국GM 공장이 폐쇄되면서 지역공동체가 큰 충격에 빠졌죠(다행스럽게도, 세계 조선업 경기가 살아나면서 군산의 현대조선소는 2022년 10월 4일부터 다시 배를 만들기 시작했습니다).

앞으로 제인스빌, 군산 같은 사례는 어디서든 일어날 수 있습니다. 로봇, 인공지능(AI) 등의 새로운 과학기술이 일자리를 만들기보다는 없앨 가능성이 더 크니까요.

계층 불평등, 20퍼센트가 80퍼센트를 지배한다

『모텔 엔진』에서 풍자하는 또 다른 현실은 갈수록 심해지는 '계층의 불평등'입니다. 몇 년 전부터 '상위 1퍼센트'가 부의 상당수를 차지하는 세태를 강하게 비판하는 목소리가 많아요. 전 세계를 강타한 2008년 금융 위기 이후에 2011년 9월 17일 미국 뉴욕에서 시작된 '월스트리트를 점거하라(Occupy Wall Street)' 운동이 대표적입니다. 그 당시 시위대는 이렇게 외쳤습니다.

> "우리는 미국의 최고 부자 1퍼센트에 대항하는 99퍼센트의 입장을 대변한다."
> "미국의 상위 1퍼센트가 미국 전체 부의 50퍼센트를 장악하고 있

다. 우리 99퍼센트는 가진 게 없다."

미국의 불평등 연구자 리처드 리브스^{Richard Reeves}는 『20 VS 80의 사회^{Dream Hoarders}』(2017)에서 새로운 접근을 제안합니다. 사회의 불평등이 계속되는 데는 '상위 1퍼센트'보다 '상위 20퍼센트'의 책임이 크다는 것입니다. 즉 '견인 도시의 상층 갑판에 사는 사람은 1퍼센트가 아니라 20퍼센트'라는 고발이에요.

리브스는 미국 사회를 놓고서 논의를 전개하고 있지만, 한국 사회에 던지는 시사점도 많습니다. 상위 20퍼센트 중상류층이 불평등을 유지하는 데 가장 공을 들이는 대목은 자신의 아들딸에게 지위를 물려주는 것입니다. 이 과정은 (사회학자 찰스 틸리^{Charles Tilly}가 말한) '기회 사재기'를 통해서 이뤄집니다.

미국에서 상위 20퍼센트의 기회 사재기는 "중상류층이 실력을 갖춰서가 아니라 경쟁의 판을 조작해서 승자가 될 때" 일어납니다. 우선 이들은 자신이 사는 곳의 토지 용도를 규제해서 가난한 사람이 진입하지 못하게 막아요. 집값을 보호하는 각종 장치 등으로 좋은 학교, 양질의 일자리, 편리한 교통수단, 쾌적한 주변 환경이 있는 주거지역(상층 갑판)에 가난한 사람이 아예 살지 못하도록 합니다.

미국의 상위 20퍼센트가 지위를 대물림하는 중요한 수단은 불공정한 대학 입시입니다. 미국의 많은 대학이 거액의 기부금을 낸 부모의 자녀에게 대학 입학 자격을 주는 제도(기여 입학)와 어머니, 아버지가 같은 대학의 졸업생일 때 자녀에게 특혜를 주는 제도(동문 자녀 우대)를 운용하고 있습니다. 이런 제도를 통해서 상위 20퍼센트의 자녀는 손쉽게 좋은 대학의 문턱을 넘죠.

또 다른 수단은 인턴 기회의 불공정한 분배입니다. 상위 20퍼센트 중상류층은 사회 곳곳에 다양한 인맥이 있어요. 이들은 지인 네트워크를 이용해서 서로의 자녀에게 다양한 인턴 기회를 제공합니다. 당연히 이런 기회를 접한 상위 20퍼센트의 자녀는 임금이 높고, 안정적이며, 자기 능력을 펼칠 수 있는 좋은 경력을 쉽게 차지해요.

유리 바닥, 불평등의 도구

이 대목에서 꼭 기억해야 할 리처드 리브스의 유명한 개념이 등장합니다. '유리 바닥(glass floor)'. 상위 20퍼센트의 구성은 끊임없이 변해요. 가난한 사람이 성공해서 상위 20퍼센트 중상류층에 진입하면, 애초 상위 20퍼센트에 속한 사람 가운데 일부는 계층 하락을 겪습니다. 불평등 해소를 강조하는 사람도 정작 자기 가족, 특히 자녀의 계층이 하락할 가능성을 두려워하죠.

상위 20퍼센트는 자신의 아들딸이 바닥으로 떨어지지 않도록 양육·교육은 물론이고 적극적인 기회 사재기로 사적인 안전망을 설치합니다. '유리' 바닥처럼 눈에 잘 띄지 않는 사적 안전망은 그들의 아들딸이 상위 20퍼센트 밑으로 떨어지는 것을 막죠. 당연히 하위 80퍼센트의 아들딸에게 유리 바닥은 '유리 천장'으로 작용합니다. 위에서 떨어지지 않으면 밑에서 올라가지 못하니까요.

일부분 이해는 갑니다. "아이가 상위 20퍼센트에 계속 있게 하고자 하는 부모의 절박함"은 "21세기에 중간층과 하층 젊은이들에게 벌어진 일들을 보면서 느낀 두려움" 때문입니다. 임시직과 계약직 위주인 일자리의 불안정성, 극심한 소득 격차 등이 두려움의 원인이죠. 심지어 대한민국에서는 19세 김 군(서울 지하철 2호선 구의역)이나 24세 김용균 씨(태안화력발전소)처럼 젊은 나이에 위험한 일터에서 목숨을 잃을 수도 있습니다.

그러므로 자신의 아들딸이 이렇게 무자비한 경쟁 사회에서 살아남기를 바라는 부모를 탓할 일만은 아닙니다. 하지만 이런 건 어떤가요? 아들딸이 상위 20퍼센트가 아니라 하위 80퍼센트, 심지어 하위 20~40퍼센트의 가난으로 떨어질 수도 있는 미래 상황을 염두에 둔다면, 사적 안전망 대신에 '공적 안전망'(복지국가)을 만드는 일이 훨씬 합리적입니다.

한국 사회를 복지국가로 만드는 일이 이토록 지지부진한 데는 상위 20퍼센트 혹은 그 바로 밑에서 자신을 중산층이라고 믿는 이들의 욕망이 똬리를 틀고 있습니다. 자기 아들딸이 계속 불평등 사회의 상위 20퍼센트로 살아갈 수 있도록 열심히 '유리 바닥'을 단단하게 만든다면, 사회 전체가 복지국가가 될 필요는 없을 테니까요.

불평등한 세계를 바꿀 수 있을까?

더욱더 심각한 일은 『모털 엔진』의 세상처럼 '공간 불평등'과 '계급 불평등'이 시간이 지날수록 겹치는 모습입니다. 상위 20퍼센트 중상류층은 대부분 부와 기회(일자리)가 몰리는 서울 같은 대도시에서 살아갑니다. 반면에 하위 80퍼센트는 일자리가 사라져서 더욱더 살기가 팍팍해지는 변두리를 전전합니다.

하위 80퍼센트는 상위 20퍼센트가 사는 곳으로 진입하기조차 어렵습니다. 예를 들어 부모에게 부를 물려받지 못한 하위 20퍼센트가 서울에서 집을 구매하는 일은 '하늘의 별 따기'입니다. 애초 서울에 살던 하위 80퍼센트도 수도권으로 밀려나는 상황에서 지방에 살던 하위 80퍼센트가 서울로 진입하기는 더욱더 어려워요.

『모털 엔진』을 비롯한 '견인 도시 연대기'에는 견인 도시 시스템을 거부하고 땅에 뿌리를 내리며 새로운 정착을 모색하는 반대자(반 견인 도시 주의자)가 있습니다. 주인공 톰도 사연 많은 또래 소녀 헤스터 쇼와 함께 견인 도시 런던을 벗어나 새로운 희망을 찾아가는 모험을 시작합니다. 먹고 먹히는 견인 도시 위에서 불평등하게 살아가는 우리는 어떤 선택을 해야 할까요?

'견인 도시 연대기' 시리즈
필립 리브

『모털 엔진』, 『사냥꾼의 현상금』, 『악마의 무기』, 『황혼의 들판』으로 이어지는 '견인 도시 연대기'는 영국 작가 필립 리브의 데뷔 시리즈입니다. 첫 책이 나오자마자 화제가 되면서 리브는 곧바로 베스트셀러 작가가 되었어요. 앞서 언급했듯 피터 잭슨이 영화로 만들어 2018년에 같은 제목으로 개봉했습니다(하지만 영화는 원작의 재미를 제대로 살리지 못했죠).

『모털 엔진』을 비롯한 '견인 도시 연대기'는 불평등한 사회뿐만 아니라 견인 도시가 상징하는, 지구 생태계를 파괴하는 산업 문명도 강력하게 비판하는 시리즈입니다. 또 그런 약육강식의 황폐한 세상을 등장하게 한 전쟁의 무서움도 전하죠.

톰뿐만 아니라 진실하고 용기 있는 또 다른 주인공(헤스터 쇼), 그리고 『악마의 무기』에서 모험을 이어 가는 렌에게도 반하리라 확신합니다. 처음부터 등장한 두 주인공 톰과 쇼, 그리고 새롭게 등장한 렌의 관계가 궁금하지 않으세요? 일단 책을 펼치세요!

10

『영원한 전쟁』 _조 홀드먼

1974년
St. Martin's Press

영원한 전쟁을
끝내려면

    20세기 후반의 중요한 전쟁 가운데 베트남전쟁이 있습니다. 한반도처럼 남북으로 나뉘어 있었던 베트남 남북이 1955년 11월 1일부터 전쟁을 시작했죠. 죽고 죽이는 열전이 계속되던 중에 전쟁의 운명을 바꾸는 중요한 사건이 있었습니다. 1963년 11월 22일, 베트남전쟁으로 미국이 점차 끌려가던 와중에도 본격적인 참전에는 선을 그었던 존 F. 케네디 미국 대통령이 암살당한 것이죠(17장에서 소개하는 『11/22/63』을 보세요).

    결국, 미국은 1964년 8월 5일 북베트남을 폭격하며 무력 개입을 시작했고, 이틀 뒤 결의안을 통과시키며 참전을 본격화했습니다. 1965년 3월 8일부터는 미국 해병대 3,500명의 베트남 다낭 상륙을 시작으로 지상군 참전도 개시했죠. 1965년 12월이 되면 미군의 베트남전쟁 참전 군인은 20만 명으로 늘어납니다. 바로 이때 미국의 요청으로 1964년 9월 11일 140명을 시작으로 국군의 베트남 파병도 시작합니다.

미국은 베트남전쟁에서 수렁에 빠졌습니다. 북베트남이 완강하게 저항하면서 남베트남은 점점 밀리기 시작했죠. 당연히 미군의 희생자도 계속해서 늘어났습니다. 결국, 미군이 1975년 4월 30일 당시 남베트남의 수도였던 사이공(현재 호찌민)에서 철수하면서 전쟁은 북베트남의 승리로 끝나죠. 그때부터 베트남에서는 사회주의를 이념으로 하는 통일국가가 들어섭니다.

국군의 피해도 컸습니다. 1973년 3월 마지막 부대가 철수할 때까지 약 5만 명이 베트남에서 계속해서 전투를 수행했어요. 1964년 9월부터 1973년 3월까지 자그마치 30만 명의 국군이 베트남에서 생사를 넘나들며 피를 흘렸죠. 그 가운데 5,099명은 살아서 고국으로 돌아오지 못했습니다. 베트남전쟁은 베트남과 미국뿐만 아니라 한국의 전쟁이기도 했습니다.

이때 베트남에서 국군과 함께 싸우던 미군 가운데 조 홀드먼Joe Haldeman이 있었습니다. 홀드먼은 대학에서 물리학과 천문학을 공부했습니다. 평온한 세상에서는 평범한 과학자가 될 수도 있었을 겁니다. 하지만 그는 대학을 졸업하자마자 베트남전쟁에 징집되어 1968년부터 1969년까지 2년간 공병으로 참전합니다. 온몸에 폭탄

파편이 꽂히는 심한 부상으로 제대했죠.

참전 용사로 돌아온 홀드먼은 1970년부터 소설을 쓰기 시작합니다. 베트남전쟁이 미국의 참패로 끝나기 1년 전인 1974년, 그가 내놓은 소설이 바로 『영원한 전쟁 The Forever War』입니다.

> "오늘 밤에는 소리 없이 사람을 죽이는 방법 여덟 가지를 가르쳐 주겠다."

이 끔찍한 대화로 시작하는 소설은 홀드먼이 직접 경험한 베트남전쟁을 영원히 끝나지 않을 것 같은 외계 생명체와의 우주 전쟁으로 변주합니다. 주인공(만델라)을 비롯한 군인은 좀 더 쉽게 적군(외계 생명체)을 학살하고자 마음을 조작당하죠. "두려움에 떨며 폭주하는" 적군을 "희희낙락하게 다지고 저미는" 군인은 상관의 '명령'이 아니라 마음 깊은 곳 '무의식'을 따릅니다.

전쟁터만 끔찍한 게 아닙니다. 홀드먼은 전쟁을 뒷받침하느라 전쟁터만큼이나 엉망진창이 된 지구를 그리는 데에도 공을 들입니다. 먹을거리 확보를 놓고서 심각한 갈등이 빚어지고, 돈이 있어도 제대로 된 의료 서비스를 받을 수 없는 지구의 상황은 제대를 앞둔 군인이 다시 군대로 돌아올 정도죠. 군대에서는 죽을 때 죽더라도 먹고사는 문제를 걱정할 필요는 없으니까요.

그렇다면 도대체 인류는 왜 외계 생명체와 영원한 전쟁을 해야

만 했을까요? 홀드먼은 그 비밀을 밝히며 '전쟁'이라는 세상에서 가장 추악한 정치의 본질을 날카롭게 풍자합니다. 뜻밖의 결말에는 '독립적' 자아와 '합리적' 이성이 세상을 앞으로 나아가게 할 것이라고 믿는 계몽주의 비전에 대한 작가의 비관적인 전망이 짙게 깔려 있습니다.

그렇다면 이 영원한 전쟁을 어떻게 끝낼 수 있을까요? 여기 손쉬운 선택을 했던 역사가 있었습니다.

핵무기로 전쟁을 끝내겠다는 발상

1945년 8월 6일과 9일 일본 히로시마와 나가사키에 핵폭탄이 떨어졌습니다. 두 도시에서만 약 25만 명 이상이 사망했죠. 그리고 나서 6일이 지난 8월 15일, 일본 제국의 히로히토 일왕은 항복을 선언합니다. 공식적으로 이날 1939년 9월 1일 독일의 폴란드 침공으로 시작한 제2차 세계대전이 끝났습니다. 우리가 매년 8월 15일을 광복절로 기념하는 이유죠.

전쟁이 끝나고 나서 78년이 지난 2023년 8월 15일 크리스토퍼 놀란 감독의 영화 〈오펜하이머〉가 한국에서 개봉했어요. 20세기 과학사에 많은 관심이 있었던 독자가 아니라면, 과학자 로버트 오펜하이머 Robert Oppenheimer 의 이름이 생소할 수도 있겠습니다. 오펜하이머는 알베르트 아인슈타인처럼 20세기 최고의 과학자로 이름을 떨치지도 않았습니다.

에르빈 슈뢰딩거처럼 '슈뢰딩거의 방정식'과 같은 자기 이름이 붙은 유명한 방정식도 남기지도 않았어요. 베르너 하이젠베르크(『부분과 전체』)나 제임스 왓슨(『이중나선』)처럼 유명한 과학책을 쓰지도 않았죠. 20세기 천재 과학자로 꼽히는 리처드 파인먼처럼 대중적으로 인기가 있었던 과학자도 아니었죠. 결정적으로, 이들이 모두 받은 노벨상도 받지 못했어요.

하지만 오펜하이머는 이 모든 과학자만큼, 혹은 그 이상 인류의 삶에 중요한 역할을 합니다. 바로 히로시마와 나가사키에 떨어진 핵폭탄을 처음 만들어 낸 과학자가 오펜하이머입니다. 정확히 말하면, 오펜하이머는 1943년부터 1945년까지 핵폭탄을 만드는 맨해튼 프로젝트를 이끌었습니다.

1945년 7월 16일 오전 5시 29분 45초, 뉴멕시코주의 모래 사막에서, 처음 만든 핵폭탄의 시험 폭파가 있었습니다(트리니티 실험). 플루토늄을 이용한 실험용 핵폭탄은 폭발하자마자 반경 160킬로미터까지 충격파를 주면서 맨해튼프로젝트의 성공을 알렸죠. 이때 오펜하이머는 평소 즐겨 읽던 인도의 힌두 경전 『바가바드기타』의 한 대목을 떠올렸답니다.

"이제 나는 죽음이, 세계의 파괴자가 된다."

세상의 아픔에 반응한 과학자

독일에서 미국으로 건너온 유복한 유대인 집안에서 태어난 오펜하이머는 '천재 중의 천재'였습니다. 그와 교류한 수많은 과학자가 이구동성으로 이렇게 말했습니다. "나는 그보다 명석한 사람을 만난 적이 없습니다." 이 얘기를 한 이지도어 라비 Isidor Rabi 는 1944년 노벨 물리학상 수상자입니다.

사실, 오펜하이머는 '노벨상 메이커'였습니다. 그는 선배, 동료, 후배에게 아이디어와 잠정적인 결론을 가설로 던지면서 연구 성과 내기를 독려했습니다. 1933년에 노벨 물리학상을 받은 '친구' 폴 디랙 Paul Dirac 이 대표적입니다(이때 디랙과 함께 노벨 물리학상을 공동수상한 과학자가 그 유명한 슈뢰딩거입니다).

'20세기 가장 중요한 물리학자'로 공공연하게 꼽히는 디랙은 자신의 이름을 딴 '디랙방정식'으로 유명합니다. 영국에서 유학 중이던 오펜하이머는 1930년 2월 14일에 이 디랙방정식을 풀어 보고서 전자와 같은 질량을 가지지만 전기적 성질은 정반대로 양의 전하를 가진 반(反)입자의 존재 가능성을 예측했습니다. 이런 오펜하이머의 해석에 방정식의 원래 주인인 디랙도 반신반의했죠.

결론은 어땠을까요? 1932년 캘리포니아공과대학교의 칼 앤더슨 Carl Anderson 이 실제로 전자와 같은 질량을 가지지만 양의 전하를 가진 반입자 '양전자(positron)'의 존재를 실험으로 증명했습니다. 오펜하이머가 디랙방정식을 보고서 양전자를 예측한 지 2년 후에 있었던 일이죠. 디랙은 반입자를 발견한 디랙방정식의 성취를 인정받아 1933년 노벨 물리학상을 받았고요.

이런 사례는 한둘이 아닙니다. 오펜하이머는 1939년 9월 1일(제2차 세계대전 시작)에 또 다른 연구 결과를 내놓습니다. 연료를 소진해서 더는 핵융합반응을 못 하는 늙은 별 가운데 일부는 자신의 중력 때문에 계속해서 쪼그라듭니다. 이렇게 끝없이 쪼그라든 별 가운데 일부는 빛조차 빠져나가지 못하는 상태가 되죠. 맞습니다. 블랙홀의 생성 과정을 설명하는 논문이었죠.

1970년대가 되어서야 과학자는 블랙홀을 관측할 수 있게 되었고, 그 이후 블랙홀은 천문학에서 가장 매력적인 연구 분야로 떠오릅니다. 결국, 2020년 로저 펜로즈 Roger Penrose 같은 과학자가 블랙홀 연구로 노벨 물리학상을 받았죠. 오펜하이머는 이 블랙홀의 생성 과정을 존재 여부도 확인하지 못한 시점에 정확하게 수학적으로 기술한 것이죠.

사실 오펜하이머가 노벨상을 받지 못한 이유도 그의 천재성 때문이었습니다. 그는 한 가지 질문의 해답을 찾는 데에만 몰두하는 일을 지겨워했습니다. 세상에 흥미로운 질문이 많은데 왜 한 가지 질문에만 매달려야 하느냐는 겁니다. 그는 한 가지 질문에 잠정적인 답변을 내놓고서, 그걸 마무리하는 일은 동료에게 넘기고 자신은 다른 질문으로 옮겨 갔죠.

실험에 젬병이고, 관료 조직을 경영한 적도 없는 과학자 오펜하이머가 맨해튼프로젝트의 지휘자가 된 이유는 이 때문이었죠. 미국 정부와 군부는 수많은 '천재-노벨상' 과학자 다수가 군말 없이 따르면서 비밀리에 원자폭탄을 만드는 프로젝트를 지휘할 과학자로 오펜하이머 외의 대안을 찾을 수 없었습니다.

이뿐만이 아닙니다. 오펜하이머는 '천재 과학자'였을뿐더러 '좌파 지식인'이었습니다. 어렸을 때부터 "세상을 있는 그대로가 아니라 어떻게 바뀔 수 있을지"(오펜하이머가 다녔던 뉴욕 에티컬컬처스쿨 창립자 펠릭스 애들러Felix Adler의 가르침이에요)를 상상하는 데에 관심이 많았던 그는 30대가 된 1930년대부터 인생의 전환점을 맞습니다. 공동체의 삶을 개선하는 데에 깊은 관심을 가지게 되었죠.

계기가 있었습니다. 우선 1929년 대공황이 그에게 커다란 충격을 줬습니다. 유복한 집안에서 태어나 사업가로 성공한 아버지의 유산을 물려받았던 그는 한 번도 생계를 걱정한 적이 없었습니다. 대공황 이후 일터에서 쫓겨나 굶주리는 수많은 이웃의 아픔은 끊임없이 그의 양심을 자극했습니다.

이즈음 만난 운명의 연인 진 태틀록Jean Tatlock의 영향도 무시할 수 없습니다. 그보다 열 살이나 어린 태틀록은 미국의 사회 개혁에 관심이 많았습니다. 미국 공산당 당원으로 활동하면서 미국 서부 캘리포니아 지역의 (사회주의 성향의) 사회운동가, 노동운동가, 정치인, 지식인과도 교류가 많았죠. 태틀록의 영향 덕분에 오펜하이머도 자연스럽게 이들과 어울리게 됩니다.

    당시 국제 정세도 오펜하이머에게 영향을 줬죠. 유럽에서는 독일의 나치즘과 이탈리아의 파시즘이 득세하고 있었습니다. 독일 괴팅겐에서 박사 학위를 받았던 오펜하이머는 독일의 과학자 동료로부터 나치즘의 끔찍한 만행을 전해 들을 수 있었죠. 1936년 선거로 탄생한 스페인 민주 정부와 쿠데타를 시도한 파시스트 사이의 전쟁(스페인 내전)도 그의 피를 끓게 했죠.

    결국 오펜하이머는 당대 미국에서 상당히 급진적인 사회 개혁 노선에 마음을 줍니다. 미국 민주당 프랭클린 루스벨트 대통령이 주도하던 뉴딜 정책보다도 좀 더 급진적인 개혁이 필요하다는 생각이었죠. 그는 "1930년대 미국의 사회·경제적 정의를 위해 헌신했"고 이런 목적을 이루고자 "좌파의 편에 서기로 선택했"죠(『아메리칸 프로메테우스』, 사이언스북스, 2023, 245쪽).

    이런 '사회 참여 지식인'으로서 정체성은 그가 맨해튼프로젝트의 지휘자를 기꺼이 맡은 데에도 영향을 줬습니다. 그는 전쟁의 공포로 위협받는 혼란한 세계를 마주했고, 과학자로서 고뇌했습니다. 1939년 9월 1일 독일이 제2차 세계대전을 일으키고, 1941년 12월 7일 일본이 진주만을 공습하면서 태평양전쟁이 일어나자 "세상의 급박한 위기"(미국 원자력에너지위원회, 『J. 로버트 오펜하이머 문제에 대해 In the Matter of J. Robert Oppenheimer』)에 대응할 필요성을 느낍니다.

'영웅 과학자'에서 '빨갱이 과학자'로

오펜하이머가 당시 느꼈던 가장 급박한 위기는 독일이 미국이나 영국보다 먼저 핵폭탄을 만들어서 전쟁에 투입할 가능성이었습니다. 더구나, 당시 독일에는 자신도 인정할 수밖에 없는 천재 과학자 하이젠베르크가 있었습니다. 그가 독일보다 먼저 핵폭탄을 만들고자 맨해튼프로젝트에 헌신했던 결정적인 이유였죠.

결국, 맨해튼프로젝트는 성공했습니다. 핵폭탄은 전쟁을 끝장냈죠. 그럼, 전쟁이 끝나고 나서의 오펜하이머는 어땠을까요? 겉보기에 그는 전쟁을 끝낸 과학자 영웅이었습니다. 하지만 핵폭탄으로 약 25만 명 이상이 죽는 모습을 지켜본 그는 끝없는 양심의 가책을 느낄 수밖에 없었습니다. "내 손에 피가 묻어 있다(I feel I have blood on my hands)." 1945년 그가 트루먼 대통령을 만났을 때 괴로워하며 내뱉은 말이죠.

오펜하이머를 더욱더 공포로 몰아넣었던 일은 소련(소비에트연방)을 포함해서 세계 각국이 원자폭탄을 가지며 서로를 겨누는 일이었습니다. 이때부터 그는 인류가 원자폭탄을 통제하지 못했을 때의 위험을 경고하기 시작합니다. 중립적인 국제기구가 원자폭탄과 그것의 원료가 되는 자원(우라늄)과 과학기술을 통제하자는 발상도 내놓습니다.

미국 군부가 원자폭탄보다 더 센 (핵융합반응을 이용한) 수소폭탄을 만들려고 시도하자 그에 맞서 완강한 반대자가 됩니다. 당연히 이런 모습은 전쟁을 거치면서 비대할 대로 비대해진 미국 군부의 눈엣가시였죠. 그의 예측대로 소련이 원자폭탄 실험에 성공하면서 (1949년) 핵무기 경쟁에 불이 붙었어도 상황은 변하지 않았죠.

오히려 이때부터 오펜하이머는 고난의 길에 들어섭니다. 미국 군부는 그의 1930년대 행적을 문제 삼고, 그의 연인 태틀록과 역시 공산당원이었던 아내(캐서린 오펜하이머)와 동생(프랭크 오펜하이머)을 언급하면서 그를 '숨은' 공산당 당원으로 몰아붙이죠. 심지어, 그가 맨해튼프로젝트의 기밀 정보를 소련으로 넘겼을 가능성까지 제시합니다. '빨갱이' 사냥이 시작된 것이죠.

그 정점이 바로 1954년부터 열린 보안 청문회였습니다. 이 청문회에서 오펜하이머는 끊임없이 자신은 공산당에 가입한 적이 없으며, 숨은 공산당원도 아니었고, 결정적으로 맨해튼프로젝트의 기밀 정보를 다른 나라로 넘긴 일이 없었음을, 자신이 얼마나 "이 나라(미국)를 사랑하는" 애국자인지를 증명해야 했습니다. 하지만 이미 그는 '빨갱이 과학자'로 몰락한 후였습니다.

결국 원자력위원회의 결정으로, 그는 국가 기밀을 다루는 데 필수적인 비밀취급인가(security clearance)를 취소당합니다. 대부분의 연구 결과가 군사 비밀로 취급되었던 탓에, 자신의 물리학 연구를 더는 할 수 없는 처지가 되었죠. 사실상 과학자로서의 경력이 끝난 것입니다. 나중에 1963년 미국의 존 F. 케네디 대통령이 암살 직전에 그에게 '엔리코 페르미 상'을 주기로 하면서 복권을 시도합니다. 하지만 '영원한 전쟁'을 끝내겠다는 그의 도전은 실패했습니다.

핵무기로도 전쟁을 끝낼 수 없었다

세상에 존재한 적이 없었던 끔찍한 무기 핵폭탄을 만들어서 전쟁을 끝내겠다는 맨해튼프로젝트는 성공했습니다. 하지만 그 프로젝트에 참여했던 오펜하이머와 리처드 파인먼 같은 과학자의 기대와는 달리, 제2차 세계대전이 끝나자마자 시작한 냉전(cold war)은 1989년 11월 9일 베를린장벽이 무너질 때까지 수십 년간 계속되었습니다.

냉전을 핵폭탄을 서로에게 겨누면서 적대감을 고양하고 영화 속 첩보전으로만 기억해서는 곤란합니다. 냉전이 열전으로 바뀌어서 민간인만 250만 명 이상이 사망한 전쟁이 바로 한반도에서 일어난 한국전쟁(6·25 전쟁)입니다. 중국군의 참전으로 놀란 미군 지휘자 더글러스 맥아더의 핵폭탄 투하 압박을 당시 미국 대통령 해리 트루먼이 거부하지 않았다면 어떻게 되었을까요?

『영원한 전쟁』에서 변주된 베트남전쟁도 냉전이 열전으로 바뀐 또 다른 사례입니다. 당시 소련은 북베트남을 지원했고, 미국은 아예 남베트남과 함께 전쟁을 수행했으니까요. 당시에도 미군은 핵폭탄과 같은 핵무기 투하를 진지하게 고민했습니다. 한국전쟁 때와 마찬가지로 전 세계적인 핵전쟁을 무서워한 미국 대통령 린든 존슨의 반대가 아니었다면 어떻게 되었을까요?

오펜하이머의 유산은 한반도의 북쪽에서 핵폭탄을 만드는 일로 21세기까지 이어지고 있습니다. 그러니 전쟁을 상대방이 가지지 못한 무서운 무기로 막아 보겠다는 발상은 사실상 실패했습니다. 우리가 할 수 있는 가장 최선은 안간힘을 써서 전쟁을 막는 일입니다. 일단 전쟁이 시작하면, 그것은 영원한 전쟁이 됩니다. 그러고 보니, 한국전쟁도 아직 끝나지 않았습니다(휴전).

전쟁에 반대하는 SF
조 홀드먼

특별히 SF를 좋아하지 않더라도 폴 버호벤 감독이 영화로 만든 로버트 A. 하인라인 Robert A. Heinlein의 『스타십 트루퍼스 Starship Troopers』(1959)는 들어 본 적이 있겠죠? 이 불편한 소설은 정체를 알 수 없는 외계 벌레와의 끝이 보이지 않는 전쟁, 또 그 전쟁 자체에 중독된 인간 군상의 모습을 보여 줍니다. 시대를 초월하며 여러 SF 작가에게 영감을 준 작품이죠.

『스타십 트루퍼스』로부터 영향을 받은, 하지만 그 소설보다 훨씬 더 중요한 전쟁 SF의 걸작이 바로 조 홀드먼의 『영원한 전쟁』입니다. 이 소설은 "내가 읽어 본 어떤 전쟁 이야기보다 훌륭하고 치명적일 정도로 진실하다"(작가 윌리엄 깁슨) 같은 극찬을 받았고, 까마득한 후배 작가 존 스칼지(2장 『노인의 전쟁』 저자)가 헌사를 쓰며 경의를 표할 정도로 고전 반열에 올랐죠.

『영원한 전쟁』은 1974년에 나오고 나서 지금까지도 그 '현재성'을 인정받는 작품입니다. 우주 전쟁을 다룬 수많은 소설, 영화, 애니메이션이 이 소설에 빚지고 있습니다. 1978년 이 소설이 번역된 이후, 일본에서 새롭게 유행한 대중문화가 대표적입니다. 예를 들어 1979년에 시작해 전 세계의 팬을 거느린 애니메이션 '건담' 시리즈도 이 소설로부터 영향받았습니다.

11.

『블랙아웃』 _마크 엘스베르크

2012년
Blanvalet Verlag

대정전을
두려워하라!

대한민국에서 실제로 있었던 일입니다. 늦더위가 심한 9월이었어요. 2011년 9월 15일 목요일 오후 3시 11분, 갑작스럽게 정전 사태가 발생했습니다. 서울 시내를 비롯한 전국 곳곳의 정전 사태는 오후 8시까지 계속되었죠. 서울 마포구 사무실에서 일하다가 별안간 형광등, 컴퓨터, 에어컨이 꺼져서 놀랐던 기억이 납니다.

도대체 무슨 일이 있었던 걸까요? 그 당시 서울 강남구의 한국전력공사 별관 5층에는 한국전력거래소 중앙급전소 상황실이 있었습니다(2014년 전라남도 나주시로 이전). 이곳에서 전국의 전력 수급 상황을 실시간으로 지켜보고 있었죠. 그날은 오전 10시 30분부터 상황이 심상찮았어요. 늦더위 탓인지 전력 수요가 예상보다 가파르게 늘어났거든요.

　급작스레 치솟는 전력 수요에 맞춰 공급을 늘리기도 어려웠습니다. 핵발전소 한빛 2호기, 한울 2·4호기가 정비를 위해 정지한 상태였으니까요. 게다가 한국남부발전 하동화력발전소까지 터빈 불량으로 긴급 정지 하면서 전력 부족을 더했고요. 한국전력거래소가 전력 공급량을 늘리고자 안간힘을 썼지만 역부족이었습니다.

　오후 1시가 지나고 나서는 예비 전력이 4기가와트(GW) 밑으로 떨어졌어요. 오후 3시 11분에는 이 수치가 2.4기가와트로 하락했고요. 갑작스러운 수요 급증이나 발전기 고장 하나만 있어도 아슬아슬한 상황이었습니다. 이대로 가다간 전국의 전기가 끊기는 '대정전', 블랙아웃(blackout)이 불가피했죠. 결국, 한국전력거래소는 오후 3시 11분부터 30분 단위로 지역별 순환 정전(단전)을 실시했습니다.

　돌이켜 보면 아찔한 순간이었어요. 대정전을 막고자 사전 통보도 없이 전국 곳곳의 전기를 강제로 끊었으니까요. 그 당시 방송에서는 미용실에서 염색하다 전기가 끊겨 몇 시간 동안 꼼짝 못 하고 앉아 있어야 했던 시민의 당혹스러운 사례를 소개했었죠. 하지만 실제 순환 정전의 여파는 이보다 컸습니다.

　전국 곳곳에서 갑자기 신호등이 꺼져 교통이 마비되었습니다. 느닷없이 멈춰 선 엘리베이터에 갇혀서 공포에 떤 시민도 여럿이었죠. 석유로 가동하는 디젤 비상 발전기가 없는 작은 병원에서는 수술이 중단되기도 했어요. 마찬가지로 비상 발전기를 준비하지 못한 공장이 멈춰 서는 일도 있었죠. 다시는 있어선 안 될 일이었습니다.

이 모든 일이 딱 다섯 시간 동안 전력 공급에 문제가 생기면서 벌어진 일이었습니다. 만약 이런 일이 열흘 이상 계속되면 세상이 어떻게 될까요? 독일 작가 마크 엘스베르크^{Marc Elsberg}의 『블랙아웃^{Blackout}』(2012)은 전력망이 국경을 초월해서 연결된 서유럽 전체에서 대정전이 벌어졌을 때의 상황을 마치 다큐멘터리처럼 생생하게 그립니다. 한 편의 끔찍한 지옥도가 펼쳐졌습니다.

전기가 끊기면 생기는 일

주말을 앞둔 금요일. 네덜란드, 독일, 벨기에, 이탈리아, 스위스, 스웨덴, 프랑스, 핀란드 등 서유럽 전체에서 전력이 끊기는 일이 발생합니다. 처음 몇 시간은 2011년 9월 15일 한국에서 있었던 일과 비슷했어요. 전기가 끊긴 엘리베이터와 지하철이 멈춰 서면서 사람이 갇히고, 도로의 신호등이 꺼지면서 교통사고가 일어났죠.

주유소의 펌프와 주유기가 작동하지 않으면서 기름을 넣지 못한 도로에 자동차가 길게 늘어서는 일도 예상할 수 있는 일입니다. 그러다 하루가 지나면서 상황은 더욱더 심각해졌어요. 기름을 넣지 못해 자동차가 움직이지 못하니 먹을거리를 포함한 물류 공급이 끊겼습니다. 대형 할인점, 동네 편의점, 온라인 쇼핑몰 등 모든 곳의 창고와 매대가 텅텅 비기 시작했죠.

일상생활도 문제였어요. 우선 수돗물이 끊겼습니다. 아이러니하게도 최근에 지어진 아파트, 건물일수록 피해가 심했어요. 이런 곳은 전기 펌프로 높은 층까지 물을 올려서 공급합니다. 전기가 끊기면 펌프를 작동할 수 없어서 수돗물이 끊기죠. 그나마 옥상 물탱크에 저장된 물을 내려 쓰는 오래된 아파트, 건물은 물이 곧바로 끊기지는 않았지만, 시간문제였습니다.

당연히 수돗물이 끊기면 화장실 변기 물도 내리지 못해요. 정전이 하루, 이틀, 사흘 계속되면서 처리하지 못한 대소변 탓에 심각한 공중위생 문제가 생겼습니다. 수많은 사람이 좁은 공간에 모여 사는 도시가 순식간에 악취 나는 화장실과 쓰레기장으로 바뀝니다. 나중에 전기가 들어와도 문제예요. 도관에서 굳어 버린 배설물에 온갖 세균이 금세 똬리를 틀었을 테니까요.

농촌이라고 상황이 낫지도 않아요. 소, 돼지, 닭을 키우는 농가는 조명, 냉난방, 사료 공급, 배설물 처리 등을 모조리 전기에 의존해요. 젖소에서 우유를 짜는 농가 역시 손 대신 전기 착유기를 사용하죠. 정전이 며칠째 계속되면 소, 돼지, 닭의 대량 폐사가 불가피합니다. 소설에서는 독일에서만 수백만 마리의 젖소 사체가 나옵니다.

과일이나 채소의 사정도 다르지 않아요. 유리나 비닐로 된 온실에서 과일, 채소를 키우는 농가가 많기 때문입니다. 전기로 온도 조절을 할 수 없고 물도 제때 줄 수 없으니 과일, 채소 농업은 회복 불가능할 정도로 엉망진창이 됩니다. 불과 며칠간의 정전만으로도 서유럽의 농업은 초토화가 됩니다.

주거(아파트), 산업(빌딩, 공장), 의료(병원) 시설 가운데 규모가 큰 곳은 정전 상황에서 전기를 공급할 수 있는 기름으로 가동하는 디젤 발전기가 있습니다. 하지만 이런 곳의 비상 발전기 대다수는 고작 수십 분에서 몇 시간의 정전에만 대비할 수 있어요. 하루만 지나도 병원에서 인공호흡기가 끊겨서 죽는 중환자가 속출합니다.

어떻습니까? 이 대목에서 영국 역사학자 이언 모티머^{Ian Mortimer}의 이야기에 귀 기울여 보겠습니다. 모티머는 『변화의 세기^{Centuries of Change}』(2014)에서 1001년부터 2000년까지 즉 11세기부터 20세기까지 1,000년의 역사를 100년 단위로 살펴봅니다. 그는 "20세기 전기에 대한 의존도가 커지면서 일어난" 전기화(electrification)의 중요성을 강조합니다.

> 특정한 변화의 중요성을 평가하는 한 가지 방법은, 얼마나 쉽게 그 변화를 되돌릴 수 있는지 따져 보는 것이다. [영국] 서퍽의 오두막집에서 며칠간 전기 없이 지내 보니, 전기가 없던 시절로 되돌아가느니 차라리 19세기의 주요 변화를 모두 뒤엎는 편이 더 쉽겠다는 생각이 들었다. 그러니까 전기에 의존하지 않고 사느니 철도를 다 뒤집어엎고, 노예제를 다시 도입하고, 여성을 다시 예속

시키고, 부자가 아닌 사람의 선거권을 모조리 박탈하는 편이 더 쉬울 것처럼 느껴졌다는 말이다.

— 이언 모티머, 『변화의 세기』(김부민 옮김, 현암사, 2023), 454~455쪽

태양광발전 탓에 대정전이 발생한다는 '거짓말'

그렇다면 현실의 대정전 가능성은 얼마나 될까요? 여름마다 더워지기 시작하면 한국 언론이 대정전 가능성을 경고하고 나섭니다. 심한 더위에 에어컨 가동이 늘어나서 전력 수요가 많아졌는데, 이를 감당할 전력 공급이 줄어서 걱정이라는 거예요. 공급량이 줄어든 원인을 에너지 전환 정책에서 찾기도 합니다.

핵발전소 의존을 줄이고 태양광발전 같은 재생 가능 에너지 발전을 확대하려다 보니, 여름 더위에 대응하지 못하고 정전 위기를 초래했다는 겁니다. 그런데 정말로 여름마다 대정전 위기가 있었을까요? 또 대정전 위기의 원인이 과연 태양광발전을 확대한 탓일까요? 결론부터 이야기하자면, 모두 '거짓말'입니다.

물론, 전력 공급을 책임지는 기관에서 제일 긴장하는 때가 바로 더위가 심한 여름입니다. 시민들이 더위를 피하고자 너도나도 에어컨과 선풍기를 켜기 시작하면 전력 수요가 폭증하니까요. 이런 사태에 대비하지 않으면 실제로 전국의 전기가 끊기는 대정전이 발생

할 수도 있어요. 그래서 한국전력거래소는 전력 부족 상황을 염두에 두고서 만반의 대비를 합니다.

한국전력거래소는 예비 전력이 5.5기가와트 밑으로 내려가면 비상 상황을 준비해요(준비 단계). 그 아래로 1기가와트 내려갈 때마다 관심(4.5기가와트)·주의(3.5기가와트)·경계(2.5기가와트)·심각(1.5기가와트) 등 4단계가 있습니다. 2023년 여름 전력 수요가 가장 많았던 날은 8월 7일이었어요(93.6기가와트). 하지만 이날도 예비 전력은 비상 상황 준비 단계 기준치보다도 훨씬 많은 약 10.5기가와트나 됐어요.

여기서 반전이 있습니다. 여름철 전력 공급에 숨통이 트이게 된 일등 공신이 바로 태양광발전입니다. 햇빛은 공기를 데워서 한낮의 뜨거운 열기를 만들죠. 하지만 동시에 태양광발전기는 따가운 햇빛을 전기로 바꿉니다. 전력 수요가 최고조에 달하는 여름 한낮에 태양광발전기가 부지런히 전력을 생산해서 전력망의 안전성을 강화하죠. 이런 상황을 놓고서 에너지 전문가 김선교 박사(한국과학기술기획평가원)는 이렇게 진실을 전합니다.

> 전력 위기의 해결사가 있었으니 바로 태양광이었다. (…) 한국전력거래소의 실시간 통계에 따르면, 2023년 여름 기준 태양광발전은 전체 발전 용량의 4퍼센트에 불과하지만, 낮 12시에서 오후 3시 사이에는 전체 수요의 17퍼센트에서 20퍼센트를 차지했다.

이는 2021년 7월 피크 시간대의 11퍼센트 기여도에 비해 괄목할 만한 증가로, 태양광 설치가 6.1기가와트 급증한 데 기인한다. 이런 현상은 우리나라에서만 국한된 것이 아니다. 2023년 8월 7일 〈로이터〉는 "극심한 더위를 견디고 있는 유럽의 에너지 시스템을 태양광발전이 구하고(rescue) 있다"고 보도했다.

— 《내일신문》 2023년 9월 12일 자 칼럼 중에서

여기서 아주 흥미로운 사실도 하나 소개할게요. 여름철 전력 수요가 가장 많은 시간은 보통 가장 더울 때예요. 한낮의 더위는 햇빛의 열기가 공기를 데운 오후 3시에 최고기온을 찍고 나서 꺾이죠. 실제로 2010년부터 2016년까지 한국전력거래소가 계측한 7월의 전력 수요 피크 시간은 오후 3시로 나타났습니다.

그런데 2017년부터 피크 시간이 오후 5시로 변했어요. 2017년을 기점으로 한국인의 전기 소비 패턴이 바뀌기라도 했을까요? 비밀은 한때 아파트 베란다 등에 유행처럼 설치한 자가용 태양광발전기에 있어요. 자가용 태양광발전기가 한낮의 강한 햇빛으로 생산한 전력은 전력거래소를 통하지 않고서 전력망에 공급됩니다. 따라서 전력거래소에서 계측하는 수치에 포함되지 않죠.

한창 더울 때 자가용 태양광발전기가 전력 수요 일부를 충당해주면, 그만큼 핵발전소나 석탄화력발전소의 전력 수요가 줄어듭니다. 햇빛이 약해져 태양광발전량도 적어지는 오후 늦은 시간이 되

면 다시 핵발전소와 석탄화력발전소의 전력 수요가 늘어나고요. 이것이 바로 최근 몇 년간 7월의 전력 수요 피크 시간이 오후 3시에서 오후 5시로 이동한 진짜 이유입니다.

현재 국내의 자가용 태양광발전량 비중은 약 4.7기가와트(추정)입니다. 최근 국내에 새롭게 들어선 핵발전소 용량이 1.4기가와트니, 아파트 베란다에 설치한 자가용 태양광발전기를 합한 비중이 핵발전소 3기에 맞먹죠. 겉으론 대단찮아 보여도 햇빛이 강한 한여름 낮에 든든한 전력 공급원이 될 만하죠.

재생 가능 에너지 발전의 변동성을 해결할 방법!

태양광발전에도 약점은 있습니다. 예를 들어, 2021년 7월 5일부터 7일까지는 전국적으로 흐리고 비가 내렸어요. 이때 실제 전력 수요 피크 시간대 태양광발전 비중은 당시 약 11퍼센트에서 5.3퍼센트로 뚝 떨어졌죠. 맑은 날엔 발전량이 많지만 흐린 날엔 발전량이 적은 '변동성'이라는 태양광발전의 치명적 약점이 다시 한번 확인된 셈이에요.

지금, 전 세계 에너지 과학자와 행정가는 이 문제를 고민하고 있습니다. 이미 나온 해법만 여러 가지예요. '에너지 저장 장치(energy storage system, ESS)'도 그중 하나입니다. 햇빛이 좋은 맑은 날 만든 전기를 대형 배터리에 충전해 놓은 다음, 비가 내리는 흐린 날 그 전기를 사용하는 방법이죠.

'양수발전'도 태양광발전의 단점을 보완하는 해법이에요. 지형이 높은 곳과 낮은 곳에 각각 물을 가둬 두 개의 저수지(상부 저수지·하부 저수지)를 만들어 놓습니다. 그다음 햇빛이 좋은 날 만든 전기로 펌프를 가동해 하부 저수지의 물을 끌어 올려 상부 저수지에 채워 두죠. 전기가 필요할 때는 상부 저수지에서 하부 저수지로 물을 낙하시켜서 수력발전으로 전기를 만들고요.

또 다른 해법은 '수소를 이용하는 방식'입니다. 햇빛으로 만든 전기를 이용해 물(H_2O)을 전기분해 해서 수소(H_2)와 산소(O_2)로 분리할 수 있어요. 햇빛 좋은 날 쓰고 남은 전기로 물에서 수소를 뽑아내는 것이죠. 이렇게 만든 수소를 저장했다가 전기가 필요할 때마다 수소연료전지발전소에서 전기로 바꿀 수 있어요.

이런 해법이 뒷받침된다면, 변동성이 큰 태양광발전 같은 재생가능 에너지도 핵발전이나 석탄화력발전의 대안이 충분히 될 수 있어요. 저라면 1956년 영국에서 처음 상업 운전을 시작해 이미 낡을 대로 낡아 빠진 핵발전 대신 태양광발전 같은 새로운 에너지 발전 방식에 베팅하겠습니다.

이와 관련해서 『블랙아웃』에서도 흥미로운 관점이 등장해요. 테러로 공격받는 프랑스 핵발전소 한 곳에서 오랫동안 일했던 엔지니어가 이렇게 생각합니다. 고개를 끄덕였습니다.

핵발전소에서 사용하는 기본적인 기술은 200년 전이나 지금이나 변함없다는 사실이 참으로 기이하다고 생각했다. 핵발전소는 근본적으로 18세기 초반에 등장한 엄청나게 큰 증기기관에 지나지 않았다. 당시에는 나무나 석탄을 사용했지만, 오늘날에는 핵분열 우라늄이나 플루토늄으로 발전기를 돌린다는 것 외에는 별다른 차이가 없다.

― 마크 엘스베르크, 『블랙아웃』(백종유 옮김, 이야기가있는집, 2016), 34쪽

유럽보다 위험한 대한민국

　『블랙아웃』을 염두에 두면, 한국이 대정전에 취약한 이유는 따로 있어요. 복잡한 전력망이 하나로 연결될수록 테러와 같은 공격으로 우리 전기 문명이 단숨에 타격받을 수 있습니다. 핵발전(2024년 기준 32.5퍼센트), 가스화력발전(29.8퍼센트), 석탄화력발전(29.4퍼센트) 등의 비중이 91.7퍼센트나 되는 한국은 전력망의 중앙 집중도가 높아서 이런 공격에 훨씬 취약합니다.

　만약 2025년 5월 현재 가동 중인 국내 핵발전소 26기 가운데 부산시 기장군과 바로 옆 울산시 울주군에 모여 있는 7기에 문제가 생기면 어떻게 될까요? (건설 중인 것도 포함하면 9기입니다. 30킬로미터 이내의 부산시, 울산시, 양산시에 대한민국 인구 7퍼센트인 약 380만 명이 살

고 있어서 이곳에서 사고가 일어나면 정말로 큰일입니다.)

 이뿐만이 아닙니다. 수도권과 멀리 떨어져 있는 곳에 핵발전소나 석탄화력발전소가 들어서다 보니, 이곳에서 생산한 전기를 수도권으로 이동하려면 고압 송전망이 필수입니다. 만약, 지역 곳곳에 있는 고압 송전탑 몇 곳이 테러 대상이 된다면 어떻게 될까요?『블랙아웃』의 재앙은 유럽보다 한국에서 현실이 될 가능성이 큽니다.

 2010년 2월 27일 새벽 3시 34분, 규모 8.8의 지진이 남아메리카 칠레를 덮쳤습니다. 최종적으로 525명이 사망한 대형 지진이었죠. 놀랍게도 이 지진으로 칠레의 전력망은 아주 잠시만 끊겼습니다. 칠레의 전력망이 지역마다 개별적으로 설계된 덕이었죠.

 런던대학교 유니버시티칼리지런던(UCL)의 국제정치학과 교수 브라이언 클라스Brian Klass는 이 칠레 지진을 언급하면서 이렇게 경고합니다.

> 세상사가 그렇듯 뭔가가 잘못됐을 때, 그 결과는 연결성과 상호의존성으로 인해 더욱 부풀려진다. 완전히 최적화된 체계는 혼돈의 가장자리로 밀려날 때 티핑 포인트로 넘어가 연쇄 반응을 일으킬 가능성이 더욱 크다. 반대로, 복잡계를 최적화보다는 유연함에 더 가깝게 설계하면 회복력이 더 높다.
>
> ― 브라이언 클라스,『어떤 일은 그냥 벌어진다』(김문주 옮김, 웅진지식하우스, 2024), 159쪽

한국에서도 미래 에너지 전환을 둘러싸고 논쟁이 진행 중입니다. 좀 더 욕심을 내서 그렇게 대안을 고민할 때 꼭 고려해야 할 한 가지 원칙을 이야기해 보겠습니다. 기후 위기 대응을 고민하는 이들 사이에서는 "후회 없는(No Regret)"이라는 표현이 있습니다. 설사 미래에 기후 위기가 도래하지 않더라도 공동체의 현재와 미래에 유익한 대책이 채택되어야 후회가 없다는 뜻입니다.

핵발전소에 의존하는 방식은 과연 어떨까요? 그렇지 않아도 한국의 핵발전소는 국토 면적 대비 많은 편입니다. 앞서 살펴보았듯 송전망을 구축하는 데에도 비용이 들어가고요. 당장 온실 기체 배출량을 줄일 수는 있겠지만, 핵발전소와 송전탑을 둘러싼 갈등과 그에 따른 비용이 만만치 않을 겁니다. 기후 위기의 파국적 결과로 나타날 해수면 상승은 해안가에 자리 잡을 수밖에 없는 핵발전소에도 직접적인 위협입니다. 그런 일이 있어서는 안 되겠지만, 1986년 4월 26일 체르노빌과 2011년 3월 11일 후쿠시마에서 발생한 최악의 사고와 그에 따른 대정전이 일어날 가능성은 어떤가요? 현재 전체 발전량의 32.5퍼센트(2024년 기준) 정도를 차지하는 핵발전소 비중을 늘리는 일은 과연 "후회 없는" 에너지 정책일까요?

섬뜩한 재앙을 예고하다
마크 엘스베르크

오스트리아 작가 마크 엘스베르크는 『블랙아웃』이 독일, 오스트리아, 스위스 등 독일어권 국가에서만 180만 부 이상, 유럽 전체에서는 1,000만 부가 팔리면서 세계적인 명성을 얻었습니다. 특히, 이 소설은 철저한 취재를 바탕으로 대정전이 발생하면 일어날 수 있는 일을 마치 다큐멘터리를 보듯이 생생하게 묘사해서 높이 평가받았죠.

2011년 5월, 독일연방의회 기술영향평가국은 대정전이 발생했을 때 무슨 일이 일어날지를 평가하고 예측한 보고서 「블랙아웃 발생 시 어떤 일이 일어나는가: 장기적이고 광범위한 정전의 결과 What happens during a blackout: Consequences of a prolonged and wide-ranging power outage」를 발표했어요. 이 보고서의 중요한 내용이 고스란히 2012년에 나온 『블랙아웃』에 들어 있습니다.

엘스베르크가 이 소설의 초고를 쓰던 2011년 3월 11일 일본 후쿠시마 핵발전소 사고가 일어났습니다. 지진해일(쓰나미)로 전기가 끊기면서 원자로 냉각 시스템이 작동을 멈췄고, 사고가 걷잡을 수 없이 커졌죠. 테러로 전기가 끊긴 프랑스 핵발전소에서 일어난 일로 묘사한 소설 속 사고가 실제로 일어난 것입니다.

엘스베르크는 『블랙아웃』의 성공 이후에 빅데이터, 생명공학 등 과학기술이 초래할 사회문제를 소재로 한 『제로^{Zero}』(2014), 『HELIX』(2016) 등의 스릴러 소설을 계속해서 펴내고 있습니다. 유럽에서의 인기와는 달리 국내에서는 『블랙아웃』, 『제로』의 번역 출간 이후에 그의 새 소설은 소개되지 않고 있어요.

12

『드라이』_닐 셔스터먼·재러드 셔스터먼

2018년
Simon & Schuster

수돗물이 끊기면 생기는 일

2010년대 중반 미국 캘리포니아주 남부의 한 도시에서 살 때의 일입니다. 자리를 잡고 나서 처음 수도 요금 고지서를 받곤 깜짝 놀랐어요. 북동쪽으로 한참 멀리 떨어져 있는 콜로라도주에서 고지서가 날아왔기 때문입니다. 그러니까 남부 캘리포니아 주민들이 일상생활에서 사용하는 물은 1,000킬로미터도 더 떨어진 북동쪽에서 온 것이었죠.

그 사실을 알고 나니 눈에 띄지 않던 풍경이 보였습니다. 제가 살던 도시는 크게 두 부분으로 나뉘었어요. 물이 닿는 곳과 닿지 않는 곳. 스프링클러가 정기적으로 물을 뿌려 주는 곳에는 나무도 있고, 잔디도 있었습니다. 하지만 그렇게 신경 쓰지 못한 나대지(건물이 없는 땅)는 선인장과 방울뱀의 차지였어요. 사실상 사막!

이런 생각이 들었습니다. '이 부유하고 살기 좋은 도시도 당장 물이 끊기면 끝장나겠구나.' 닐 셔스터먼^{Neal Shusterman}과 재러드 셔스터먼^{Jarrod Shusterman} 부자(父子)가 함께 쓴 『드라이^{Dry}』(2018)는 바로 이런 무서운 상상을 그린 소설이에요. 가뭄으로 물이 부족해진 가까운 미래의 어느 날, 콜로라도에서 남부 캘리포니아로 오던 물이 끊깁니다. 단수!

물이 끊긴 첫날, 10대 주인공 얼리사는 이렇게 생각하죠.

> '사람들은 수도꼭지가 말라 버린 이 순간을 기억하게 될지도 몰라. 대통령이 암살된 순간을 기억하듯이.'
> — 닐 셔스터먼·재러드 셔스터먼, 『드라이』(이민희 옮김, 창비, 2019), 15쪽

불길한 예감은 현실이 되었어요. 물이 끊기자마자 너도나도 사재기를 한 통에 대형 할인점의 물을 포함한 음료수는 곧바로 동났습니다. 사람들은 처음에 금방 정부가 나서서 다시 물 공급에 나서리라고 기대했죠. 하지만 단수가 계속될수록 "애초에 실존하는 위험을 직시할 생각이 없는 무방비 상태의 다수"는 무서운 현실을 깨닫기 시작합니다.

목이 마르고, 몸은 더러워졌어요. 곳곳에서 악취가 나는 순간 마침내 사람들은 물을 찾아 헤매는 '워터 좀비'로 변합니다. 생존에 꼭

필요한 물을 흡수하지 못해 벼랑 끝에 몰린 사람들은 좀비처럼 물을 찾아 헤맵니다. '물 한 모금을 얻고자' 안락한 생활을 하던 중산층 10대 소녀는 남성에게 몸을 팔고, 어떤 사람은 사람을 죽이는 일도 서슴지 않아요.

목숨이 왔다 갔다 하는 비상 상황에 몰린 그들은 더는 사람이 아닙니다. 영화나 소설 속 좀비가 아무런 자의식 없이 사람을 물어뜯는 본능만 드러내는 것처럼, 이들도 물을 얻고자 인간이기를 포기해요. 놀랍게도 사람이 이렇게 좀비로 변하는 데 걸린 시간은 고작 며칠에 불과합니다.

며칠 만에 꿈의 도시에서 악몽에나 나올 법한 지옥으로 변한 캘리포니아주는 다시 원상태로 회복될 수 있을까요? 이제 『드라이』가 전하는 물을 둘러싼 진실을 살펴볼 차례입니다.

물을 둘러싼 진실 하나, 생수 vs. 수돗물

텔레비전 채널을 돌리다 보면 가슴이 먹먹해질 때가 있습니다. 아프리카 어린이의 비참한 현실을 보여 주며 후원의 손길을 요청하는 공익광고를 볼 때도 그렇죠. 특히 눈에 밟히는 부분은 삐쩍 마른 어린이가 흙탕물이 숲속의 샘물이라도 되는 양 입을 대고 마시는 모습입니다. 한평생 맑은 물을 구경한 적이 없는 그 신세는 얼마나 처량한가요.

흔히 지구를 '물의 행성'이라고 부릅니다. 하지만 안타깝게도 전 세계의 물 가운데 97퍼센트는 마시거나 농사짓기에 부적합한 바닷물입니다. 나머지 가운데 1퍼센트도 소금기 있는 지하수로, 역시 사람에게 쓸모없어요. 고작 2퍼센트가 민물인데, 대부분은 남극대륙과 북극해 그린란드의 빙하로 존재합니다. 강, 호수, 빗물 등에서 인간이 사용하는 물은 전체의 약 0.8퍼센트뿐이에요.

아프리카 어린이의 안타까운 사연에서 확인할 수 있듯이, 더 심각한 문제는 물의 불평등한 분포입니다. 예를 들어 캐나다, 북유럽, 러시아 등은 수많은 호수와 강 덕분에 풍부한 수량을 확보하고 있어요. 빙하와 만년설에 더해 강수량이 많아 물이 풍부한 북유럽의 노르웨이는 1인당 사용 가능 민물이 7만 632세제곱미터입니다. 반면에 아프리카 케냐는 고작 389세제곱미터에 불과해요(1세제곱미터는 1,000리터입니다).

사정이 이렇다 보니, 전 세계 인구 가운데 40퍼센트 이상이 아프리카의 어린이처럼 물이 '금보다' 귀한 삶을 살고 있어요. 물이 부족한 세계 곳곳의 이웃들이 물을 얻기 위해서 매일 먼 길을 오갑니다. 5인 가족이 하루 생활하는 데 필요한 최소 수량이 100리터이니, 이들은 매일 100킬로그램의 물을 나르는 셈이죠. 그 역할은 대부분 여성과 아동이 떠맡고요.

이렇게 물이 금보다 귀한 삶을 사는 이들이 고통받는 세계의 반대편에서는 전혀 다른 일이 벌어져요. 수도꼭지만 틀면 아프리카 어린이가 꿈에서도 상상하지 못할 만큼 맑은 물이 콸콸 쏟아지죠. 그런데 역설적이게도 이런 나라에서 살아가는 사람도 비싼 돈을 들여 물을 사 먹고 있습니다. 주말만 되면 대형 할인점은 생수를 한 묶음씩 사려는 이들로 북새통이죠.

불과 30년 전만 하더라도 우리나라는 물론이고 미국에서도 슈퍼마켓에서 물을 사 먹는 일은 보통 사람이 상상할 수 없는 모습이었어요. 저부터 그랬습니다. 상수원(영산강) 수질이 안 좋기로 유명했던 제 고향 목포에서도 대다수 주민은 수돗물을 보리차, 옥수수차, 결명자차 등으로 끓여 먹었죠.

이런 사정은 미국도 다르지 않았습니다. 미국에서 '물'은 곧 염소를 처리해 세균을 박멸한, 안전한 수돗물을 의미했어요. 유럽에서 19세기 중반부터 몸에 좋은 샘물을 병에 담아서 팔기 시작했던 것과는 대조적이었죠. 물론 유럽에서도 이렇게 병에 담긴 샘물을 즐기는 이들은 부유층이었습니다. 영국의 예에서 알 수 있듯이, 대다수 서민은 홍차처럼 '끓인 물'을 마셨어요.

미국에서 오늘날과 같은 생수가 얼마나 낯설었는지는 '페리에'의 위상 변화를 보면 알 수 있습니다. 페리에는 미국은 물론이고 전 세계에서 가장 유명한 생수 브랜드예요. 하지만 1970년대만 하더라도 페리에를 아는 미국인은 드물었습니다. 오죽하면 당시 미국 사람들이 '페리에를 잔디 깎는 기계에 넣어야 할지, 아니면 마셔야 할지'

헷갈렸다는 회고가 있을 정도니까요.

이런 상황을 극복하고자 페리에가 선택한 회심의 승부수는, 바로 생수 회사로서는 최대 규모의 광고였습니다. 우선 페리에는 유명 배우이자 감독 오슨 웰스Orson Welles를 모델로 내세워 페리에가 수돗물과는 질적으로 다른 물임을 강조했습니다. "그곳에 샘이 하나 있었죠. 이름은 페리에입니다."

페리에는 운도 따랐어요. 페리에가 한창 공격적인 광고에 나섰던 1970년대 후반에 건강 열풍이 미국을 휩쓸었죠. 너도나도 달리기, 에어로빅, 수영에 나섰고 설탕 범벅인 탄산음료를 건강의 적으로 간주했습니다. 페리에는 그런 건강 열풍에 편승해 탄산음료를 대체하기 시작했어요. 1974년 약 50만 병이던 페리에 생산량은 1989년에 약 1억 5,700만 병으로 늘어서 300배나 넘게 증가했습니다.[11]

이런 분위기에서 페리에는 생수와 동의어가 되었어요. 페리에의 성공을 본 다른 생수 회사도 시장 공략에 뛰어들었죠. 바야흐로 생수가 세상을 지배하기 시작한 것입니다. 심지어 탄산음료 브랜드의 대명사인 코카콜라와 펩시도 생수 판매에 나섰어요(다사니, 아쿠아피나). 이제 미국 전역에서는 1초에 약 1,500병의 생수가 팔립니다.

이렇게 미국에서 시작된 생수 열풍은 한국을 비롯한 전 세계로 퍼졌습니다. 2000년대 들어서 한국에서도 생수 시장이 가파르게 성장했죠. 1995년 1월 '먹는 물 관리법' 제정 이후 첫해 600억 원대였던 국내 생수 시장의 규모는 2020년 1조 원을 넘어섰고(1조 7,632억

원), 2023년에는 2조 7,400억 원에 이릅니다. 제주도 샘물, 강원도 샘물, 비무장지대(DMZ) 샘물로도 모자라서 백두산 샘물까지 소비자를 유혹하죠.

생수가 뜨면서 가장 큰 타격을 받은 것은 수돗물입니다. 미국인은 1년에 생수를 약 149리터 마시고, 상당수가 수돗물을 마시지 않아요. 한국도 마찬가지입니다. 이 글을 읽는 여러분 가운데 수돗물을 그냥 마시기는커녕 끓여서 마시는 이도 드물 거예요. 서울시가 수돗물을 '아리수'라는 브랜드로 포장해 홍보했지만, 시민의 호응은 별로 없었습니다.

이렇게 생수가 수돗물을 위협하면 장기적으로 심각한 문제가 발생할 수 있어요. 모두가 수돗물을 마실 때는 깨끗한 수돗물을 공급하는 공공투자가 우선순위에 놓일 수 있어요. 지난 수십 년간 우리나라의 수돗물이 여러 시행착오를 거치면서 좀 더 안전하고 깨끗해진 것도 이런 관심 덕분이죠.

그런데 사람들이 수돗물 대신 시장에서 생수를 찾기 시작하면, 수돗물에 대한 공공투자는 뒷전으로 밀려날 가능성이 큽니다. 당장 상수도 운영 주체를 중앙정부나 지방자치단체에서 민간 기업으로 넘겨야 한다는 주장이 갈수록 커지는 이유도 '수돗물은 공공재'라는 우리의 인식이 흔들리고 있는 탓이죠. 그 원인 가운데 하나는 분명히 생수 열풍이에요.

『드라이』는 수도꼭지를 돌릴 때마다 깨끗하고 안전한 물이 콸콸 쏟아지는 일이 우리의 생존에 얼마나 중요한지 생생하게 보여 줍니다. 캘리포니아주처럼 겉으로는 아무렇지 않아 보이는 도시 문명은 사실 아주 취약한 기반 위에 위태롭게 서 있어요. 평소에는 공기처럼 당연하게 여겨지던 물이 끊겨 기반의 한쪽이 무너지면, 그때부터 재앙이 시작되죠.

물을 둘러싼 진실 둘, 도시 vs. 농촌

지금 전 세계적으로 물이 부족한 이유 가운데 하나는 '인구 증가'입니다. 인구가 늘어날수록 1인당 물 공급량이 줄어들 수밖에 없기 때문이죠. 한국 같은 나라는 아이를 낳지 않은 분위기에 인구가 줄어들까 걱정이지만 남아시아, 아프리카 등에서는 인구가 늘고 있죠. 2064년까지 약 97억 명까지 인구가 늘어날 것으로 전망됩니다. 인구 증가와 더불어 경제성장까지 빨라지면 1인당 물 공급량은 더욱더 감소할 수밖에 없습니다. 경제성장 과정에서 물 소비량이 증가하니까요.

현재 우리는 매년 2조 6,000억 세제곱미터의 물을 사용하고 있습니다. 앞으로 50년 뒤에는 그것의 두 배나 되는 약 5조 세제곱미터 이상의 물이 필요할 전망이에요. 한편, 인도는 2050년에 16억 명을 넘어설 인구를 부양하기 위해서 지금보다 세 배 많은 물이 필요하게 될 겁니다. 이 물을 도대체 어떻게 공급할 수 있을까요?

이 대목에서 『드라이』가 전하는 중요한 진실이 하나 더 있어요. 현재 물을 둘러싼 가장 심각한 갈등이 도시와 농촌 사이에서 진행 중입니다. 우리가 사용하는 물의 70퍼센트가 농업용으로 쓰인다는 사실을 염두에 두면, 앞으로 벌어질 이른바 '물 전쟁'의 실제 모습이 어떨지 예상할 수 있죠.

많은 사람의 걱정과는 달리, 현재 물을 둘러싼 국가 간의 분쟁은 생각보다 심각한 상황이 아닙니다. 당장 걱정해야 할 상황은 바로 물을 둘러싼 도시와 농촌 사이의 갈등이에요. 인구 증가에 따라 도시는 더욱더 커질 테고, 그곳에서는 앞으로 더 많은 물이 필요하게 됩니다. 이렇게 도시에서 소비되는 물이 늘어날수록, 농촌에서 쓸 수 있는 물의 양은 부족해질 수밖에 없죠.

농촌에서 물을 제대로 쓰지 못하면 어떻게 될까요? 우선 먹을거리 생산량이 줄어들 테고, 더 나아가 물을 충분히 공급받지 못한 농토가 사막처럼 못 쓰는 땅으로 변할 가능성도 있습니다. 『드라이』에서 도시에 단수가 일어나기 직전 발생한 재앙이 바로 농촌의 몰락이었죠. 장기적으로 농촌의 몰락은 그곳으로부터 먹을거리를 얻는 도시의 몰락으로 이어질 거예요.

엎친 데 덮친 격으로 지구 가열이 초래하는 기후 위기도 문제입니다. 앞서 얘기했듯 우리가 사용할 수 있는 민물의 대부분은 남극, 그린란드, 히말라야산맥 같은 곳에 빙하 혹은 눈 덩어리 형태로 갇혀 있어요. 이들 가운데 일부는 여름에 녹아서 강, 호수에 물을 공급하는 역할을 하죠.

지구 가열은 바로 이런 물 저장소에 심각한 타격을 줄 가능성이 큽니다. 지구가 더워지면 당연히 남극(특히, 서남극)과 그린란드의 빙하나 히말라야산맥의 눈 덩어리가 녹을 테니까요. 이렇게 녹은 물은 바다로 흘러 들어가 또 다른 재앙의 원인이 될 가능성도 있습니다. 그 재앙은 바로 해수면 상승입니다.

이런 해수면 상승으로 바다가 육지를 잠식하면 어떤 일이 벌어질까요? 중국의 동해안, 미국의 서해안, 동남아시아 등 많은 인구가 모여 사는 육지가 침수됩니다. 현재 전 세계에는 100만 명 이상이 사는 항구도시가 136개나 있어요. 뉴욕(미국), 도쿄(일본), 상하이(중국), 뭄바이(인도) 등의 도시가 해수면이 상승해서 물에 잠길 가능성이 큽니다.

이것만으로도 심각한 문제예요. 이렇게 물에 잠기는 곳은 많은 인구가 모여 사는 정치, 경제, 사회, 문화의 중심 도시이기 때문이죠. 여기에다 보통 사람이 생각하지 못한 문제가 또 있어요. 이곳이 잠기면 그곳에 민물을 공급하던 호수와 강도 바닷물에 오염되어 덩달아 쓸모없어집니다. 강 하구의 농지도 예외가 아닙니다. 메콩강 삼각주와 방글라데시 일부 지역은 이미 농경지가 바닷물에 오염되어 벼농사가 불가능해지고 있어요. 이렇게 기후 위기는 심각한 물 부족 사태를 부르고, 이는 식량 위기로까지 이어집니다.

물 없이 인간다움을 지킬 수 있을까?

『드라이』를 읽으면서 제일 안타깝던 대목이 있습니다. 물을 구하기 어려운 비상 상황에서 가장 힘든 일은 생존 그 자체보다도 인간다움을 지키는 일이에요. 평소에는 인간의 탈을 쓰고 그럭저럭 어울려 살아가던 수많은 사람이, 위기 상황에서는 순식간에 그 탈을 벗고 짐승보다 못한 존재(좀비)로 돌변합니다. 이런 좀비는 위기 상황을 회복 불가능한 지옥으로 몰고 가죠.

물론 끝까지 인간다움을 지키려고 고군분투하는, 심지어 기꺼이 자신의 목숨까지 내놓는 감동적인 사연도 등장합니다. 지옥 속에서 워터 좀비를 피하며 물을 찾는 생존 투쟁에 나선 10대 주인공은 무사히 생명과 인간다움을 지킬 수 있을까요? 여러분은 그런 비상 상황에 던져진다면 어떤 선택을 할까요?

NEAL SHUSTERMAN

'영 어덜트' 장르의 장인
닐 셔스터먼

『드라이』의 저자 닐 셔스터먼은 청소년 및 청년을 주요 독자로 하는 이른바 '영 어덜트(young adult)' 장르의 장인으로 꼽힙니다. 독특한 설정, 눈길을 뗄 수 없게 하는 스토리텔링, 묵직한 문제의식은 웬만한 성인 소설보다 낫습니다. 시나리오 작가인 아들 재러드 셔스터먼과 협업한 덕분에 『드라이』의 완성도는 더욱더 높아졌죠.

셔스터먼의 작품 가운데 여러분에게 꼭 권하고 싶은 책은 『수확자Scythe』(2016), 『선더헤드Thunderhead』(2018), 『종소리The Toll』(2019)로 이어지는 '수확자' 시리즈입니다. 여기 고도로 발달한 인공지능(AI)이 모든 것을 관리하는 미래 세계가 있습니다(이 AI의 이름이 바로 '선더헤드'입니다). AI의 도움으로 굶주림, 전쟁, 질병 그리고 무엇보다도 죽음이 사라졌습니다. 5장에서 소개한 야마다 무네키의 『백년법』의 세계와 겹치죠? 죽음이 사라진 이 세상에서도 인구 조절이 필요합니다. 그래서 등장한 집단이 바로 '수확자'입니다. 인류는 수확자로 선택된 이들이 인구 조절을 위해서 타인의 생명을 빼앗는 일을 허락합니다.

『수확자』는 갑작스럽게 수확자로 선택된 열여섯 살 소녀 시트라와 소년 로언이 타인의 생명을 빼앗는 무소불위의 권한을 혼란 속에서 받아들이면서 벌어지는 다양한 갈등을 그리며 이야기를 시작합니다. 일단, 책을 펼치기 시작하면 세 권을 다 읽을 때까지 멈출 수가 없습니다. AI가 관리하는 유토피아 같은 세상에서 인류는 인간성을 지속할 수 있을까요?

3부

실험

: 새로운 세계를 상상하다

13

「저희도 운전 잘합니다」 _장강명

AI 시대에
우리는 행복해질까

    연지혜 경감. 2000년 8월에 일어났던 '신촌 여대생 살인 사건'을 22년 만에 해결해서 유명해진 경찰입니다. 하지만 승진에 실패하고 어지럼증까지 생기면서 휴직했습니다. 그때 제주도에 사는 고등학교 동창에게 긴급한 연락이 옵니다. '남편이 사라졌어. 찾아 줘!' 알 수 없는 이유로 그 부탁을 거절하지 못하고 연지혜 경감은 제주도로 가는 비행기에 몸을 싣습니다.

    가까운 미래의 제주도에 내리자마자 연지혜 경감은 택시 기사와 실랑이하는 연인의 모습을 봅니다. 전국 최초로 무인 자율주행 택시가 운행 중인 제주도. 하지만, 택시 기사의 집단 반발로 공항에서는 자신의 차례가 오면 무인이든 사람이든 승객의 선택권 없이 탑승해야 합니다. 마침, 사람이 운전하는 택시에 걸린 연인은 무인 택시를 타고 싶다고 우기는 상황이었죠.

도대체 무슨 얘기냐고요? 장강명이 2022년부터 2023년까지 세 번에 걸쳐서 발표한 소설 「저희도 운전 잘합니다」에서 그리는 세계입니다. 소설 속 제주도에서는 한국 최초로 자율주행 택시가 보행자를 치어 죽인 사고가 일어납니다. 갑작스럽게 실종된 친구 남편은 바로 그 자율주행 택시 서비스의 AI를 설계하고 운영하는 책임자죠. 제주도에서 무슨 일이 벌어진 걸까요?

연지혜 경감이 친구 남편의 행적을 쫓는 과정을 따라가는 소설은 가까운 미래의 한국 사회에서 AI와 로봇, 그리고 과학기술이 우리 삶을 어떻게 바꿔 놓을지를 생생히 묘사합니다. 그 가운데는 상상만 해도 멋져 보이는 것도 있습니다. 천정과 사방이 뚫린 채 제주도의 해안과 산간 도로를 누비는 무인 자율주행 자동차를 상상해보세요!

씁쓸한 대목도 있습니다. 불과 십수 년 후의 미래인데도 인간의 자리는 지금보다 좁습니다. 경영, 회계 등과 같은 화이트칼라의 일자리는 일찌감치 AI로 대체되었습니다. AI나 로봇으로 대체하기가 더뎠던 직업, 예를 들어 거리를 누비는 택시 기사도 시간문제고요. 우리는 그런 세상에서 행복할까요? 설사 불행하다고 하더라도 그 미래를 피할 수 있을까요?

러다이트운동은 '바보들의 저항'이었을까?

20세기 초만 해도 뉴욕, 런던, 파리 같은 대도시의 밤을 밝히는 일은 사람의 몫이었습니다. 어둠이 덮치기 시작하면 횃불과 사다리를 든 점등원이 도시 곳곳에 설치된 '가스' 가로등에 조심스럽게 불을 붙였어요. 이들은 새벽녘이 되면 다시 곳곳을 돌아다니며 가로등의 불을 껐습니다. 1900년대 초에 미국 뉴욕에서만 점등원 600여 명이 밤마다 도시를 밝혔죠.

전기의 물결이 도시를 덮치자 점등원은 가장 먼저 사라진 직업이 되었어요. 가스 가로등이 전기 가로등으로 바뀌면서 불을 켜고 끄는 일은 스위치를 올리고 내리는 단순한 업무로 변했습니다. 시간이 지나면서 스위치마저 필요없게 되었죠. 한곳에서 수천 개의 가로등을 한꺼번에 켜고 끄는 일이 가능해졌으니까요. 역사에서 사라진 그 많던 점등원은 어떻게 되었을까요?

시선을 지금 현실로 돌려 봅시다. 한쪽에서는 AI, 로봇, 빅데이터, 생명공학 같은 신기술을 찬양하며 장밋빛 미래를 예고해요. 하지만 다른 쪽에서는 '대량 실업' 같은 불길한 경고가 끊이지 않죠. 신기술이 추동할 미래가 궁금할 때는 과거를 들여다보는 일이 도움이 됩니다.

영국의 산업혁명 초기 1811년에서 1812년 사이에 벌어진 '러다이트운동(기계 파괴 운동)'은 흔히 시대 변화를 수용하지 못한 한심한 행태로 조롱당합니다. 그 시절에 기계를 파괴한 성난 노동자는 기계화가 낳을 비약적인 생산성 향상과 경제성장을 예측하지 못했죠. 하지만 그때 기계를 파괴한, 즉 러다이트운동에 동참한 노동자의 행동은 정말로 한심한 짓이었을까요?

생각해 봅시다. 기계화 이전만 하더라도 장인 기능공은 고숙련 인력으로 대접받으며 상당한 수입을 얻었어요. 하지만 기계로 가득 찬 공장이 나타나면서 장인은 설 자리가 없어졌죠. 기계를 조작하는 단순 반복 업무는 대개 값싸게 부릴 수 있고 불만도 없는 아동에게 돌아갔습니다. 기계화가 노예와 별반 다를 게 없던 아동 노동(!)을 부추긴 것입니다.

당시 공장과 탄광에서는 이르면 6세부터 15세까지의 아동 수십만 명이 노동에 종사했습니다. 물론 산업혁명 이전의 중세 시대 때도 여섯 살이면 가축을 돌보고 밭일을 도왔죠. 하지만 "믿을 수 없이 비위생적이고 위험한 조건에서 반쯤 벌거벗은 채 장시간 노동하는 아이들이 이렇게 대규모로 존재하게 된 일"(대런 아세모글루·사이먼 존슨, 『권력과 진보』, 생각의힘, 263쪽)은 인류 역사상 처음 있는 일이었습니다. 정말로 기계의 배신이었죠!

그렇다면, 어린 자녀를 공장으로 내몰 수밖에 없었던 일자리를 잃은 그들의 아버지 즉 장인 기능공은 어떻게 되었을까요? 오늘날 다수의 경제학자가 예찬하는 산업혁명의 과실을 함께 누렸을까요? 아닙니다. 생계 수단이 사라진 그들은 하릴없이 굶주리는 신세로 전락했어요. 산업혁명의 희생자 수는 수십만 명, 아니 수백만 명에 달합니다.

흔히 다수의 경제학자는 특정 산업에 기계가 도입되면 제품 가격이 낮아지고 해당 산업 상품의 수요가 늘어나서 결과적으로 더 많은 일자리가 생긴다고 주장합니다. 19세기 미국 섬유 산업에서도 기계가 도입되고 나서 노동력의 90퍼센트가 사라졌지만, 면직물 가격이 낮아지고 수요가 증가하면서 되레 일자리가 크게 늘었다는 것이죠.

하지만 여기에는 '시간 지연'의 함정이 숨어 있습니다. 기계가 기존의 일자리를 파괴하고 그것을 대신할 새로운 일자리를 많이 만들 만큼 경제가 성장하려면 시간이 필요합니다. 최소한 한두 세대, 즉 50년 이상의 시간 지연이 불가피합니다. 앞에서 언급한 미국 섬유 산업의 변화도 1830년에서 1900년에 이르는 70년이라는 시간이 필요했어요.

21세기에 책상에 앉아서 몇 세기 전 과거의 일자리 추이를 살피는 경제학자의 시선에서 10년, 20년, 30년은 찰나일지 모릅니다. 하지만, 1830년 공장에 기계가 도입되어 곧바로 일자리를 잃은 40대 가장은 어떻게 되었을까요? 1900년이 되기 훨씬 전에 온갖 고생을 하다가 세상을 떴겠죠. 이때 산업혁명의 과실을 곧바로 따 먹은 사람은 수익이 두 배로 뛴 기업가뿐이죠.

이 대목이 중요해요. 현재 시점에서 돌이켜 볼 때, 산업혁명은 분명히 지난 200년간 삶의 질을 높였어요. 하지만 그런 변화는 당시 수많은 노동자와 그 가족의 희생을 전제로 한 것이었습니다. 19세기 후반까지 유럽 곳곳에서 기계화에 대한 노동자의 저항이 끊이지 않은 이유도 이 때문이죠.

실패한 노동자 개조 작전

AI나 로봇과 일자리의 관계를 짚을 때마다 나오는 장밋빛 전망 가운데는 재교육의 신화가 있어요. 설사 AI나 로봇으로 일자리를 잃는 사람이 나오더라도 재교육을 통해서 그들을 새로운 산업의 노동자로 변신, 아니 개조시킬 수 있다는 발상이죠. 정말로 그럴까요? 이 질문에 답하려면 우리는 9장(『모텔 엔진』)에서 언급했던 미국 위스콘신주 제인스빌을 다시 살펴야 합니다.

제인스빌의 GM 공장이 2008년 12월 23일 85년 만에 멈췄습니다. 갑자기 일자리를 잃은 제인스빌 주민은 다시 한번 새로운 도전에 나섰습니다. 공장에서 쫓겨난 노동자 가운데 가장 '자기 규율'이 엄격하고, '도전 정신'이 충만하던 몇몇은 재교육에 도전했죠. 평생 자동차 공장에서 일하던 이들이 대학을 기웃거리면서 공부를 시작했어요.

하지만 결과는 충격적이었습니다. 소설이나 영화에서 나오는 기적 같은 일은 없었어요. 시간이 지나자 대학을 다녔던 이들은 재교육에 응하지 않고서 닥치는 대로 밥벌이에 나섰던 동료와 비교했을 때 되레 더 나쁜 처지가 되었습니다. 대학 교육(재교육)이 힘을 발휘해 제대로 된 일자리를 얻기도 어려웠을뿐더러, 소득도 오히려 낮았습니다(재교육의 배신!).

그럴 수밖에 없었죠. 평생 자동차 공장에서 일하던 사람이 어떻게 갑자기 로봇 설계 엔지니어가 되겠습니까? 10년, 20년 트럭이나 택시를 몰던 운전사가 갑자기 컴퓨터 프로그램을 짜는 코딩을 배워서 IT 인력이 되는 일도 상상 속에나 존재하는 이야기죠. AI, 로봇, 생명공학 등과 같은 영역의 일자리는 진입 장벽이 높고 그 숫자는 적습니다(직업의 장벽!).

결정적으로, 이들이 평생 살아온 제인스빌에는 그런 새로운 일자리가 만들어지지 않았습니다. IT, 생명공학, 금융 등의 새로운 산업으로 서부 샌프란시스코나 동부 뉴욕이 흥청망청한다는 소문이 멀리서 들려올 뿐이었죠(공간의 분리!). 결국, 자동차 공장이 문을 닫고 나서 10년이 지나도록 제인스빌 주민 상당수는 허드렛일이나 하면서 저임금에 기대어 생계를 꾸리는 신세가 되었죠.

최근의 AI를 둘러싼 사정을 자세히 들여다보면 상황은 더욱더 골치가 아픕니다. 하루가 다르게 고도화되고 있는 AI 번역기는 번역가의 일자리를 위협합니다. 이뿐만이 아니죠. 금융인, 변리사, 변호사, 세무사, 회계사 같은 흔히 '화이트칼라 전문직'이라고 부르는 사람의 직업을 대체하는 AI 도구가 전 세계 곳곳에서 개발 중이거나 시장의 선택을 기다리고 있습니다.

화이트칼라 전문직이 AI로 대체되는 압력이 큰 데에는 이유가 있습니다. 우선, 이들의 직업 훈련 과정의 속성이 AI가 방대한 데이터를 통해서 패턴을 찾으며 학습하는 것, 즉 흔히 '딥 러닝(deep learning)'이라고 부르는 것과 유사합니다. AI를 연구 개발하는 다수의 과학자가 이들 직업의 업무 가운데 상당수를 AI로 대체할 가능성이 크다고 장담하는 것도 이 때문이죠.

다른 중요한 이유도 있습니다. 화이트칼라 전문직은 모두 '고임금' 일자리입니다. 만약 AI가 효과적으로 이런 일자리를 대체할 수 있다면 기업가는 임금을 아끼고, 그들을 대체하는 AI를 개발, 공급하는 업체는 엄청난 수익을 남길 수 있겠죠. 마치 산업혁명 때 고임금을 받는 숙련공이 제일 먼저 기계로 대체된 일과 비슷한 사정입니다(이 내용은 『쌀과 소금의 시대』를 다룬 1장과 연결됩니다. 산업혁명이 영국에서 시작한 이유를 짚은 로버트 C. 앨런의 주장을 떠올려 보세요).

인간-AI-로봇 공존의 가능성을 찾아서

AI, 로봇의 도래와 일자리를 놓고서 마냥 낙관만 하기에는 심상치 않음을 깨달았죠? 그렇다면 어떻게 해야 할까요?

AI, 로봇과 인간이 공존하는 방법을 모색해야 합니다. 역사 속에서 가능성을 찾아볼 수 있습니다. 기계화는 업무를 '대체'하기도 하고 새로운 업무를 '창출'하기도 해요. 기계는 앞서 언급한 점등원이나 장인 기능공의 업무를 대체했죠. 산업혁명 때의 공장 기계는 새로운 업무를 창출하긴 했지만, 그 일은 고임금의 장인 기능공이 아니라 저임금의 아동에게 맡겨졌고요.

그럼, 20세기에는 왜 러다이트운동 같은 격렬한 갈등이 없었을까요? 20세기 기계화 과정이 비교적 평화로웠던 데에는 세 가지 이유가 있습니다. 첫째, 기계가 새로운 업무를 창출하면서 많은 일자리가 생겼어요. 둘째, 기계화의 수익 일부가 높은 임금으로 노동자에게 분배됐죠. 그 결과 시민은 자기 노동과 기계가 결합해서 생산한 상품(자동차 등)을 직접 소유할 수 있었고요.

셋째, 결정적으로 앞의 두 가지를 가능하게 한 보통 사람의 압력이 있었습니다. 제2차 세계대전에서 목숨을 걸고서 나라를 지킨 노동자는 귀환해서 당당하게 자기 몫을 정부와 기업에 요구할 수 있었죠. 노동조합과 그들이 지지하는 좌파 정당이 성장했어요. 그들의 주도로 복지국가의 틀도 만들어졌죠.

이 대목에서 기술의 방향성에 대해 대런 아세모글루[Daron Acemoglu]나 칼 베네딕트 프레이[Carl Benedikt Frey] 같은 지식인이 한목소리로 강조하는 주장을 떠올릴 필요가 있습니다. AI와 로봇의 발전 방향과 그것의 과실을 어떻게 나눠서 먹을지는 그 결론이 정해져 있는 문제가 아닙니다. 사회의 권력관계에 따라서 AI와 로봇은 보통 사람의 편이 될 수도 있고, 그 적이 될 수도 있죠.

만약 산업혁명이 시작할 때, 영국이 지금처럼 보통 사람들의 주기적인 선거로 권력이 바뀌는 상황이었다면, 기계화가 그렇게 일방적이고 폭력적으로 진행될 수 있었을까요? 불가능했겠죠. 러다이트운동에 나설 정도로 성난 노동자가 기계 대신에 권력을 파괴했을 테니까요(영국은 1928년이 되어서야 남녀 21세가 선거권을 가질 수 있었습니다).

지금의 상황도 마찬가지입니다. 1973년에 노벨 경제학상을 받은 바실리 레온티예프^{Wassily Leontief}는 이런 말을 한 적이 있습니다. "말(horse)들이 미국 민주당에 가입해 투표할 수 있었다면 농장의 상황은 달라졌을지도 모른다." 우리 인간은 최소한 말이나 소보다는 나은 존재입니다. 정당에 가입해서 투표할 수도 있고, 광장에서 촛불을 들 수도 있어요.

우리가 기계화를 놓고서 지금과 다른 방향을 정하고, 그것을 권력에 강제한다면 신기술과 일자리의 관계는 다른 모습으로 바뀝니다. AI, 로봇은 일터에서 노동자를 몰아내는 '악마'가 아니라 노동자가 편안하고 안전한 환경에서 창의력을 발휘하면서 일하도록 돕는 '짝꿍'이 될 수도 있습니다. '인간-AI-로봇 컬래버레이션(Human-AI-Robot Collaboration)'이 가능한 일터를 만들 수 있습니다.

소설 속에서 우여곡절 끝에 사건을 해결한 연지혜 경감은 제주도를 떠나고자 다시 공항을 찾습니다. 공교롭게도 그 공항의 택시 승강장에서는 다시 실랑이가 벌어지고 있습니다. 이번에도 사람 택시를 거부하는 또 다른 연인. 그때 모멸감을 참지 못한 기사가 참지 못하고 한 마디를 내뱉습니다. "저희도 운전 잘합니다." 더 늦기 전에 우리는 방향을 돌려야 합니다.

張康明

지금, 한국 사회를 읽는 소설가
장강명

장강명은 지금 한국 사회에서 무슨 일이 벌어지고 있는지를 예민하게 포착해서 기가 막힌 상상력으로 풀어내는 소설가입니다. 2011년 『표백』으로 데뷔한 그는 『한국이 싫어서』(2015), 『댓글 부대』(2015) 등 영화로도 만들어져서 화제가 된 작품을 비롯해 『산 자들』(2019), 『재수사』(2022) 등으로 계속해서 한국 사회를 진단하고 있습니다.

특히 과학기술과 사회가 서로 어떻게 영향을 주고받으면서 우리의 삶을 바꿔 놓을지를 예측하고, 문학을 통해서 경고음을 울리려는 시도인 'STS SF'를 지향하면서 쓴 작품을 묶은 『당신이 보고 싶어하는 세상』(2023)은 한국 SF의 격을 높인 책입니다(이 책에 실린 「알래스카의 아이히만」은 8장 「역사에 종지부를 찍은 사람들」과 꼭 함께 읽어 보세요).

한 가지 귀띔할 것도 있습니다. 2022년에 펴낸 『재수사』의 주인공은 순경으로 시작해서 이제 막 강력반으로 오게 된 연지혜 형사입니다. 이 소설에서 연지혜 형사는 22년 동안 해결하지 못했던 2020년 신촌 여대생 살인 사건의 진실을 파헤치죠. 맞습니다. 연지혜 형사가 미래에 경감이 되어서 「저희도 운전 잘합니다」의 주인공으로 등장합니다.

14

『크로스토크』 _코니 윌리스

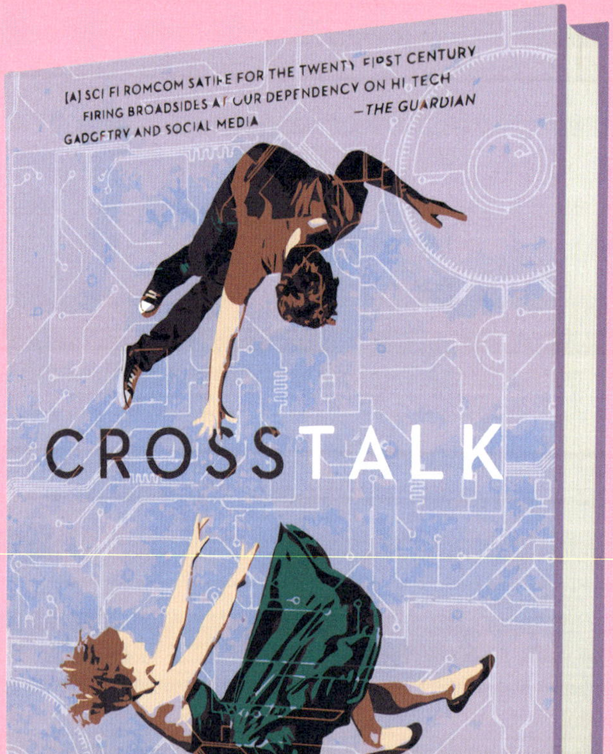

2016년
Del Rey

타인의 생각을 읽을 수 있게 된다면

한 번쯤 다른 사람의 생각을 알고 싶을 때가 있죠? 몰래 짝사랑하는 상대가 나를 어떻게 생각할지, 남자 친구나 여자 친구가 정말로 나를 좋아할지 궁금하잖아요. 시도 때도 없이 잔소리하는 가족이 정말로 나를 사랑하긴 하는지, 또 선생님이나 직장 동료가 나를 어떻게 생각하는지 속마음을 들여다보고 싶을 때도 있고요.

다른 사람의 생각을 알 수 있다면 사회생활에도 엄청나게 도움이 될 거예요. 학생이라면 선생님의 생각을 읽을 수 있으니 시험문제로 무엇이 나올지 알 수 있고, 시험 볼 때 공부 잘하는 친구의 생각을 읽으면 정답을 슬쩍 훔치는 일도 가능합니다. 대학 입학이나 회사 입사 면접을 볼 때도 면접관이 좋아할 만한 답변만 골라서 할 수 있겠죠.

상상력을 좀 더 밀어붙여 볼까요? 아예 여러분이 텔레파시 능력을 갖추고 있다면 어떨까요? 휴대전화나 카카오톡 같은 메신저 앱이 없어도 원하는 사람과 마음대로 대화를 나눌 수 있다면 얼마나 편리할까요? 실제 생각만으로도 서로 의사소통할 방법을 과학자 여럿이 개발 중입니다. 정말로 그런 일이 가능해지면 훨씬 더 멋진 세상이 펼쳐질까요?

코니 윌리스Connie Willis의 소설 『크로스토크Crosstalk』(2016)는 바로 그런 세상을 살짝 보여 주고 있습니다. 제목 '크로스토크(Crosstalk)'는 '통신 장치의 교신이 방해를 받는 일, 이로 인해 뒤섞이고 혼란스러운 신호나 간섭이 존재하는 상황'을 뜻합니다. 의미심장한 제목이죠? 맞습니다. 『크로스토크』가 그리는 텔레파시 세상은 엉망진창이에요.

타인의 마음은 욕망의 시궁창

주인공 브리디가 일하는 휴대전화 회사 컴스팬은 초긴장 상태예요. 컴스팬의 경쟁 업체인 애플에서 상상도 못 할 기능의 새로운 아이폰을 출시할 예정이라는 소문이 파다하기 때문이죠. 애플이 새 아이폰을 출시하기 전에 그보다 훨씬 더 세상을 놀라게 할 새로운 휴대전화를 만들어야 합니다.

이뿐만이 아닙니다. 브리디는 개인적으로도 아주 혼란스러운 상황에 부닥쳐 있어요. 매력적인 직장 동료 트렌트랑 남몰래 연애를 시작했기 때문이죠. 일찌감치 회사의 간부가 된 트렌트는 여성이라면 누구나 욕심을 낼 만한 매력적인 남성입니다. 트렌트는 브리디에게 연인끼리 서로의 감정을 느끼게 해 주는 간단한 뇌 수술(EED)을 받자고 조르는 중이에요.

어릴 때부터 시시콜콜 간섭하는 집안 분위기에 질린 브리디는 사생활을 중요하게 생각합니다. 하지만 누구나 부러워하는 멋진 애인이 서로의 감정을 긴밀하게 교류할 수 있는 수술을 제안하자 선뜻 거부하지 못하죠. 결국 브리디는 가족과 친구 몰래 EED 수술을 받습니다.

바로 이때부터 엉망진창 야단법석이 시작됩니다. 수술을 받고 나자 애인과 감정의 교감이 생기기는커녕 브리디에게 뜬금없이 텔레파시 능력이 생겨 버린 거예요. 처음엔 (모두가 질색하는) 괴짜 직장 동료 'C.B.'와 생각만으로도 대화를 나눌 수 있게 되더니, 나중에는 세상 사람의 온갖 생각이 홍수처럼 브리디에게 밀려듭니다.

> "사람들에 대해 네가 알고 싶지 않은 이야기를 알게 될 수도 있어. 혹은 사람들이 너를 정말로 어떻게 생각하는지 알게 될 수도 있어. 중학교 때 학교 화장실에 있다가 가장 친한 친구가 너에 관해

비열한 소리를 하는 소리를 우연히 들었던 일 기억나?"

— 코니 윌리스, 『크로스토크 1』(최세진 옮김, 아작, 2016), 183쪽

이 대목부터 『크로스토크』는 불편한 질문을 독자에게 던집니다. 타인의 생각(마음)을 읽는 일은 생각만큼 유쾌하지 않습니다. 브리디가 평소 친하다고 생각하던 직장 친구의 마음은 알고 보니 정반대. 자신도 은근히 사모하던 매력적인 동료(트렌트)의 마음을 사로잡은 브리디를 질투하면서 "재수 없는 친구"라고 욕하며 불행을 비는 일이 다반사였죠. 그런 일을 눈 뜨고 있는 온종일 겪는다고 생각해 보세요.

"그들의 머릿속은 나쁜 생각들을 뱉어 낼 수 있는 유일한 장소야. 그래서 겉으로 보이는 것과는 달리 사람들의 생각은 불쾌한 모습을 띠는 경향이 있지. 사람들은 야비하고, 악의적이고, 탐욕스럽고, 비열하고, 교활하고, 잔인한 면을 갖고 있어."

— 코니 윌리스, 『크로스토크 1』(최세진 옮김, 아작, 2016), 372쪽

가만히 돌이켜 보면 누구나 짐작할 수 있는 일입니다. 사람의 속마음은 세상에서 가장 추악한 공간이니까요. 마음속에선 누구나 차마 겉으로 드러내지 못하는 온갖 감정과 생각을 내놓기 마련이죠. 물론 대다수 사람은 마음속의 그런 감정과 생각을 타인에게 그대로

보여 주지 않습니다. 사회생활에 적합한 가치나 규범으로 여과(사회화)하기 때문입니다. 만약 한 사회의 구성원이 자기 속마음을 그대로 드러낸다면 그 사회는 절대로 유지될 수 없을 거예요.

마음과 마음을 잇는 통신

브리디의 애인 트렌트는 '마음과 마음을 잇는 통신'이라는 아이디어를 현실화할 궁리를 합니다. 그는 사람들이 서로 텔레파시를 주고받을 수 있는 상황을 최선으로 여기죠.

> "사람들은 소통을 위해 스마트폰이나 이메일, SNS를 사용할 필요가 없어. 직접 소통할 수 있게 되는 거야. 완전히 새로운 메신저가 될 거야. 정신적 메신저."
> ─ 코니 윌리스, 『크로스토크 2』(최세진 옮김, 아작, 2016), 211쪽

트렌트처럼 생각하는 사람이 소설 속에만 있는 건 아닙니다. 미국의 전기자동차 회사 테슬라를 이끄는 일론 머스크가 대표적인 인물입니다. 2017년 4월 20일, 머스크는 "8~10년 안에 컴퓨터를 머릿속에 이식해서 두 사람의 생각을 주고받는 텔레파시를 가능하게 하겠다"고 밝혔습니다.

머스크는 이 비전을 현실로 만들고자 2016년 6월에 뉴럴링크라는 뇌신경과학 스타트업도 창업했어요. 뉴럴링크는 소리 소문 없이 차근차근 계획을 세우더니, 2023년에는 인간의 뇌에 컴퓨터 칩을 이식하는 임상 시험 계획을 밝혔습니다. 미국 식품의약국(FDA)이 2023년 5월에 이 임상 시험을 승인했으니 인간의 뇌에 컴퓨터 칩을 이식하는 일은 시간문제입니다.

트렌트나 머스크의 생각이 황당하기만 한 것도 아닙니다. 실제로 기술적 가능성을 뒷받침하는 연구들이 이어지고 있습니다. 2019년 1월 29일, 《사이언티픽》에 게재된 논문이 좋은 예입니다.[12] 컬럼비아대학교의 니마 메스가라니(Nima Mesgarani)를 비롯한 과학자는 뇌파를 읽어서 머릿속의 단어와 문장을 말로 재구성해 다른 사람에게 전달하는 기술을 개발했습니다.

애초 이런 기술은 뇌전증이나 뇌졸중 같은 치명적인 질병 때문에 말을 하지 못하는 환자의 의사소통을 돕기 위해서 시작됐어요. 그런데 '뇌와 컴퓨터를 연결하는 기술'(brain-computer interface, BCI)이 계속 발달한다면, 환자뿐 아니라 일반인을 상대로 쓰일 가능성도 있죠. 그때가 트렌트나 머스크의 비전이 현실로 펼쳐지는 순간일 테고요.

물론 머스크의 비전이 현실에서 이루어지려면 넘어야 할 장애물이 한둘이 아니에요. 아직 우리는 뇌에 대해서 모르는 것이 많습니다. 뇌가 어떻게 움직이는지 모르는 상황에서 그 생각을 읽는다는 발상은 난센스죠. 또 설사 그런 일이 가능해지더라도 뇌 안에 컴퓨터를 심는 무모한 실험에 자원할 사람이 있을까요?

이쯤에서 브리디의 직장 동료 C.B.의 반론을 살펴볼 필요가 있습니다. 그는 트렌트의 비전에 질색합니다. C.B.가 보기에 우리는 이미 충분히 연결되어 있거든요. 굳이 머리에 컴퓨터를 심지 않아도, 또 텔레파시 같은 능력이 없어도 마음만 먹으면 언제 어디서나 타인과 연결될 수 있죠. 시도 때도 없이 울리는 메신저 앱의 알림 소리("카톡, 카톡!")와 휴대전화 벨 소리가 그 상징입니다.

인스타그램, 페이스북, 트위터(현재의 엑스) 같은 SNS는 어떤가요? 누가 시키지도 않았고, 돈과 같은 보상을 주는 것도 아닌데 사람들은 강박적으로 자신의 사생활을 SNS 타임라인에 노출합니다. 때로는 자기도 모르게 사생활이 SNS에 유출되어 만인의 구경거리가 되기도 하죠. 이처럼 모두가 '소통에 푹 잠겨 있는' 상황에서 굳이 '마음과 마음을 잇는 통신'이 필요한가요?

소설 속에서 튀어나온 '덤폰'

C.B.는 소설 속에서 엉뚱한 휴대전화 아이디어를 내놓습니다. 예를 들어 '안식처 휴대폰'은 반갑지 않은 전화와 문자로부터 이용자를 지켜 주는 기능을 갖추고 있죠. 통화하기 싫은 사람의 전화를 어

쩔 수 없이 받았을 때는 자동으로 목소리가 툭툭 끊어지는 효과를 내면서 이내 연결이 끊어지는 식이에요.

그런데 정말로 C.B.의 철학을 담은 휴대전화가 세상에 등장했어요! 바로 '덤폰(dumb phone)'입니다. 덤폰은 말 그대로 '바보 폰'이에요. 전화 통화와 문자메시지를 주고받는 기능은 물론이고 음악 플레이어, 카메라, 인터넷 연결까지 가능한 (소형 컴퓨터 수준의) 스마트폰에 반대하면서 나온 새로운 흐름이죠.

2015년 5월에 등장한 '라이트폰(Light Phone)'이 첫 덤폰입니다. 라이트폰은 제품 이름과 같은 회사 라이트Light에서 만들었어요. 이 제품이 처음 등장했을 때, 대다수 반응은 '냉소'였죠. 애플, 삼성 등이 온갖 기능으로 무장한 최신형 스마트폰 마케팅에 열을 올리는 상황에서, 정반대로 전화 통화와 시간 확인 기능만 제공하는 단순한 라이트폰이 어처구니없게 느껴졌을 거예요.

하지만 라이트폰은 시장에서 '생존'했어요. 매출은 미미한 수준이었지만, 그 존재감을 세상에 확실히 각인시켰죠. 여러 언론과 소셜미디어가 앞다퉈 '시대에 뒤떨어진 기능'의 라이트폰을 주목했습니다. 라이트폰은 '소통에 푹 잠겨 있는' 사람의 피로감을 정확히 포착한 결과물입니다.

라이트는 2019년 9월에 '라이트폰 2'를 출시해서 판매하고 있습니다. 이전의 라이트폰에 더해서 기능이 몇 개 덧붙여졌어요. 문자메시지를 보낼 수 있게 됐고, 음악도 들을 수 있고, 지도 기능도 사용할 수 있어요. 하지만 여전히 소셜미디어, 이메일 등은 지원하지 않습니다. 시도 때도 없이 SNS에 들락거리고, 이메일 리스트를 '새로고침'하는 일은 용납하지 않겠다는 것이죠. (라이트폰은 놀랍게도 단종되지 않고서 5년 만에 '라이트폰 3'이 나왔습니다. 2024년 7월 15일까지 사전 주문을 받고 나서 2025년 3월 공식 출시되었습니다.)

『크로스토크』를 읽고 나면 이런 생각이 듭니다. 지금 우리에겐 혼자서 조용히 책장을 넘기는 도서관이나 모두가 하루를 마무리하고 잠든 새벽 세 시의 거리처럼 고요한, '자기만의 방'이 필요합니다. 역설적으로 그런 자기만의 방, 나만의 고요한 공간이 확보되어야만 비로소 타인과 깊이 있고 진정한 소통도 나눌 수 있죠.

그나저나, 브리디의 진정한 사랑은 트렌트일까요? 브리디는 결국 진정한 사랑을 찾을 수 있을까요? 궁금하다면 『크로스토크』속으로!

SF계의 수다쟁이
코니 윌리스

소설의 제목 '크로스토크'의 또 다른 의미는 '모임 도중에 우연히 발생한 맥락에서 벗어난 대화, 재치 있고 빠른 속도로 이야기하는 재담'이에요. 그 뜻처럼 코니 윌리스는 'SF계의 수다쟁이'로 유명합니다. 윌리스는 시끌벅적한 소통으로 얽히고설킨 등장인물들이 끊임없이 서로를 오해하며 문제를 더욱 복잡하게 만드는 상황으로 독자를 끌어들입니다.

그의 종잡을 수 없는 이야기를 따라가다 보면, 도저히 해결의 기미가 보이지 않던 사태와 소동이 어느 순간 깔끔하게 정리되죠. 책을 덮고 가만히 생각해 보면 그 야단법석 속에 뼈 있는 통찰도 숨어 있습니다. 『크로스토크』는 이런 윌리스의 매력을 충분히 만끽할 수 있는 소설입니다.

윌리스의 대표작은 미래의 옥스퍼드대학 역사학부 학생을 주인공으로 한 '옥스퍼드 시간 여행' 시리즈입니다. 시간 여행이 가능해진 미래, 옥스퍼드대학의 역사학부에서는 과거를 관찰하고 탐구할 목적으로 과거로 역사학자를 보냅니다. 당연히 역사학자가 과거의 일에 개입하는 일은 금지되었습니다. 하지만 세상일이 마음대로 될 리가 없겠죠?

1982년 『화재 감시원 Fire Watch』(제2차 세계대전 때 독일군 공습을 받던 런던), 1992년 『둠즈데이 북 Domesday Book』(14세기 흑사병이 유행하는 중세 영국), 1997년 『개는 말할 것도 없고 To Say Nothing of the Dog』(19세기 빅토리아시대의 영국), 2018년 『블랙아웃 Blackout』, 『올 클리어 All Clear』(제2차 세계대전이 벌어지는 영국)로 이어지는 이 시리즈는 윌리스의 작품 세계를 알려면 꼭 읽어야 합니다.

15

『초키』 _존 윈덤

1968년
Michael Joseph

외계인이 있을까요?
네, 바닷속에 있습니다!

"외계인이 있을까요?" 강연할 때마다 질의응답 시간에 나오는 단골 질문입니다. 저는 이렇게 답합니다. "인간만 홀로 있기에는 우주가 아주아주 큽니다. 분명히 지적 능력을 갖춘 외계 생명체가 있으리라고 확신합니다." 그럼, 꼬리를 물고서 이런 질문이 이어지죠. "UFO(미확인비행물체)는 외계인이 타고 온 우주선일까요?"

그때마다 고개를 갸우뚱하고 나서 다음과 같은 문장을 내뱉습니다. "오랫동안 우리가 친밀함을 나누는 가장 중요한 수단은 직접적인 접촉(contact)이었어요." 실제로 우리는 수시로 메시지를 주고받고 음성뿐만 아니라 화상 통화로 얼굴을 보면서 온갖 시시콜콜한 일을 공유할 수 있는 시대에도 친교의 최대치가 '직접 만나서' 밥 먹고 술 마시는 일입니다. 접촉의 매력 때문이죠.

외국으로 떠난 가족이나 친구를 만나러 기어이 비행기를 타고서 가는 일도 같은 맥락입니다. '유인' 우주여행의 과학적 가치에 회의적인 목소리에도 불구하고 엄청난 자원을 들여서 달에 기어이 발자국을 남기고(1969년), 지금은 화성을 목표 삼아 질주하는 일도 마찬가지죠. 그런데 여기서 질문을 던져 보죠. 이런 접촉의 욕망은 인간의 것인가요, 외계인의 것인가요?

존 윈덤 John Wyndham 의 『초키 Chocky』(1968)는 바로 이 질문에 답하는 소설입니다. 어느 조용한 오후, 정원을 다듬던 데이비드는 열한 살 아들 매튜를 보고서 깜짝 놀라죠. 아이가 혼자서 중얼중얼 대화를 나누고 있었으니까요. 대화의 내용도 독특합니다. 아이는 일주일은 왜 7일이고, 1년은 왜 365일인지를 놓고서 누군가와 논쟁을 벌이고 있었습니다.

매튜의 변화는 계속해서 이어집니다. 평범한 열한 살짜리 아이는 갑자기 못하던 수영을 능숙하게 해내고, 배운 적도 없는 수학, 공학 더 나아가 예술에 남다른 재능을 보여요. 갑자기 '천재 소년'이 된 열한 살짜리 아이를 세상이 그냥 둘 리가 없죠. 도대체 아이에게 무슨 일이 생긴 것일까요? 아이와 대화를 나누던 미지의 존재는 '공상 속 친구'일까요?

눈치 빠른 사람은 짐작했겠죠. 매튜와 대화를 나누고 또 그의 비범한 능력을 끌어낸 친구는 바로 우주 어딘가에 사는 외계 지적 생명체 '초키'입니다. 애초 자기 종족이 살 새로운 보금자리를 탐색할 목적으로 지구에 관심을 가졌던 초키는 이 덜 떨어진 (하지만 우주에서 보기 드문) 지적 생명체(인간)에게 작은 이바지를 합니다.

『초키』와 외계인 이야기를 꺼냈으니, 좀 더 나아가 보죠. 비교적 새로운 과학 분야 가운데 '우주생물학'이 있습니다. 우주생물학은 말 그대로 우주 생명을 연구하는 학문입니다. 어처구니가 없죠? 지구 바깥 우주에 생명체가 존재하는지조차 모르는 상황에서 우주생물학이라니요! 연구 대상을 모르는데 어떻게 연구하겠어요.

하지만 지금도 세계 곳곳에서 온갖 분야의 과학자 여럿이 우주생물학으로 뛰어들고 있습니다. 이들은 뜻밖의 장소에 생명체가 분명히 존재하리라 확신하면서, 지구 구석구석의 낯선 환경에 뙈리를 튼 생명의 조건을 탐색합니다. 또 우주로 눈을 돌려 지구 바깥에서 생명체를 발견하고자 애쓰죠.

이런 우주생물학 연구 가운데 가장 흥미로운 주제가 '의사소통'입니다. 언젠가 외계 생명체와 마주친다면, 즉 접촉한다면 우리는 어떻게 소통할 수 있을까요? 지구인이 오랫동안 써 온 의사소통 수단인 말과 글은 통하지 않을 가능성이 커요. 심지어 어떤 외계 생명체는 청각이나 시각이 아닌 화학물질로 소통할 수도 있습니다.

운 나쁘게도 인간 땀 속의 여러 화학물질 가운데 하나가 외계 생명체에게 적대감이나 혐오감을 불러일으킨다면 어떻게 될까요. 우리가 아무리 호의로 접근하더라도 그 외계 생명체는 적대적일 수밖에 없을 거예요. 심지어 그들에게 우리가 식욕을 돋우는 먹을거리라면 잡아먹힐 수도 있고요.

이렇게 외계 생명체와의 소통을 고민하는 과학자는 지구의 지적 생명체에도 관심을 둡니다. 그들이 흥미를 보이는 동물 가운데 하나가 문어예요. 뜬금없이 나온 문어라는 단어에 놀랐나요? 지금 여러분이 생각하는 그 문어가 맞아요. 동그란 모양의 다코야키 속에 들어 있는 쫄깃쫄깃한 식감의 문어요.

해물을 유달리 좋아하는 이라면, 푸짐한 해물탕 속 문어를 떠올리면 됩니다. 살짝 데쳐서 초장에 찍어 먹는 문어를 상상해도 되고요. 보기만 해도 징그럽고, 인간과 같은 척추동물과 비교하면 열등해 보이는 흐물흐물한 연체동물 문어. 도대체 문어에게 어떤 특별한 점이 있기에 과학자들이 주목하는 걸까요?

문어, 도구를 사용하는 특별한 동물

도구를 사용하는 동물, 즉 호모파베르(Homo Faber)로 인간을 정의하던 때가 있었습니다. 아프리카 탄자니아 곰베 밀림에서 제인 구달이 침팬지가 도구를 사용하는 모습을 관찰한 뒤로 이 정의는 난센스가 되었죠. 구달의 스승 루이스 리키는 침팬지가 도구를 사용했다는 소식을 전해 듣고 이렇게 대꾸했답니다.

"인간을 다시 정의하든가, 도구를 다시 정의하든가, 침팬지를 인간으로 받아들이든가…."

   사실 침팬지 말고도 도구를 사용하는 동물은 많아요. 그 가운데 가장 생각지도 못한 동물이 바로 앞서 언급한 문어입니다. 놀라지 마세요. 인도네시아의 야생 문어는 사람이 먹고 바다에 버린 코코넛 껍질 반쪽 두 개를 엇갈리게 포개서 들고 다니다가 필요할 때마다 숨는 용도로 사용합니다.

   같은 연체동물인 달팽이가 석회질 껍데기를 지고 다니듯이, 코코넛 껍질을 갖고 있다가 조립해 이용하는 방식이죠. 이뿐만이 아닙니다. 문어는 수족관 문을 열어 수시로 탈출을 감행하고, 형광등이나 스위치에 물을 쏴서 자신을 불편하게 하는 인공조명을 꺼 버려요. 이 정도면 여섯 살, 일곱 살 말썽꾸러기 악동 수준입니다.

   아쿠아리움의 베테랑 문어 사육사는 아예 상당히 정교한 장난감을 만들어서 수조에 넣어 줍니다. 어떤 곳에선 장난감 안에 음식을 감춰서 문어가 장난감을 분해하게 하죠. 미국 시애틀의 아쿠아리움에서는 야구공 크기의 플라스틱 공 안에 음식을 넣어서 문어에게 줬습니다. 문어는 나사를 풀어서 공 안의 음식을 꺼낸 다음, 다시 원상태로 조여 놓았다고 해요. 대단하죠?

   문어가 딴짓을 워낙 좋아하다 보니 기발한 방법도 고안되었어요. 미국 오리건주립대학교 햇필드해양과학센터는 문어가 레버를 움직여 캔버스 위로 물감을 발사해 예술 작품을 만들 수 있는 장치를 설계했습니다. 이곳은 문어가 그린 그림을 판 돈으로 문어 수조를 유지, 관리해요. 자기가 그린 그림을 팔아서 스스로 관리비를 대는 문어라니요!

문어를 사랑하는 사람들

우리, 즉 인간을 중심에 놓고서 생각하는 습관에 익숙하다 보니 문어가 도구를 사용한다는 사실이 낯설게 느껴집니다. 문어만큼 인간과 다른 동물은 찾아보기 어려우니까요. 잠깐 머릿속에 문어를 떠올려 보세요. 뼈가 없는 부드러운 문어 몸은 머리와 여덟 개의 팔로 이루어집니다. 입은 팔들 한가운데 있고요. 알다시피 팔은 빨판으로 가득하죠.

이런 문어가 인간과 소통하고 교감할 수 있을까요? 동물과 인간의 관계를 주로 다뤄 온 독일 출신의 미국 작가 사이 몽고메리Sy Montgomery가 『문어의 영혼The Soul of an Octopus』(2015)에서 고백하듯, 놀랍게도 문어는 사람과 일대일로 교감합니다. 문어는 자신과 교류한 사람을 기억해서 정확하게 알아봐요. 마치 동화에서 까치나 까마귀가 은혜를 갚는 것처럼, 문어는 친근한 사람의 피부를 여덟 팔로 사랑스럽게 어루만지죠.

이 어루만짐을 한 번이라도 경험한 사람은 문어의 매력에서 헤어 나오지 못합니다. 몽고메리는 『문어의 영혼』에서 그 매혹적인 경험을 생생하게 전하죠. 그는 약물의존, 발달장애 등으로 상처받은 사람이 아쿠아리움에서 문어와 교감하며 자신의 상처를 치유하는 모습을 그립니다.

연체동물 문어가 척추동물 인간과 교감하는 모습을 보면서 문어를 사회성이 아주 강한 동물로 여길지도 모르겠네요. 하지만 정반대예요. 평균 1~2년, 길어야 5년 정도 사는 문어는 삶 대부분을 고독하게 혼자서 보냅니다. 가끔 수십 마리가 모여 사는 모습이 발견되기는 하지만, 문어들끼리의 교류는 거의 없죠.

가족이요? 문어는 가족도 없습니다. 암컷과 수컷이 짝짓기하고자 만나기는 하지만, 생이 끝날 즈음에나 있는 일입니다. 더구나 암컷이 품은 알들에 수컷이 정액을 쏘고 나면 둘의 인연은 끝나요. 교미가 끝난 암컷은 수컷을 잡아먹기까지 합니다. 문어는 동족과 교류하고자 소통 능력을 발전시킨 것이 아니에요.

미스터리입니다. 동족과 교류가 거의 없는 문어는 자신을 사진에 담으려는 스쿠버다이버에겐 강한 호기심을 보여요. 심지어 몽고메리가 증언한 수많은 사례에서 볼 수 있듯이, 사람을 구별하고 친구를 기억하고 나서 교감하기까지 합니다. 도대체 문어는 무슨 생각을 하는 걸까요? 인간과 무엇이 같고, 무엇이 다를까요?

인간과 문어의 만남이 특별한 이유

아직 소수에 불과한 문어 팬 가운데 의식(consciousness)을 연구하는 철학자 피터 고프리스미스Peter Godfrey-Smith도 있어요(사이 몽고메리와 친구 사이죠). 『아더 마인즈Other Minds』(2016)는 고프리스미스가 문어를 중심으로 의식의 기원을 탐구한 책입니다. 그는 이렇게 힘주어 말해요. "문어와의 교류는 지성을 지닌 외계인과 만나는 일과 가장 비슷하다."

실제로 문어는 몸속에 5억 개 이상의 신경세포(뉴런)를 지닙니다. 인간 뇌의 신경세포 수인 약 1,000억 개보다는 적지만, 개 같은 포유류와 비슷한 수준이죠. 그런데 문어의 신경세포는 뇌에만 모여 있지 않고 여덟 개 팔에 흩어져 있어요. 여덟 개의 팔은 때로는 뇌와 협력하고, 때론 독립적으로 기능하죠. 여덟 개의 팔이 아니라, 여덟 개의 뇌인 셈이에요.

인간과 문어는 약 5~6억 년 전에 공통 조상으로부터 갈라져서 진화했습니다. 수억 년의 시간 동안 인간과 문어는 육지와 바다라는 전혀 다른 환경에서 아주 다른 모습으로 변화해 왔어요. 그런데 흥미롭게도 두 가지 신체 구조는 비슷합니다. 하나는 '눈'이에요. 비록 문어는 색맹이지만요.

다른 하나는 신경계입니다. 두 생명체는 육지와 바다에 사는 어떤 동물보다도 복잡한 신경계를 지닙니다. 하지만 이렇게 복잡한 신경계를 갖게 된 이유는 달라요. 인간의 신경계와 지능이 정교하게 발전한 이유는 더불어 살아야 했기 때문이죠. 그러나 문어는 혼자서 생존하기 위해 지능을 향상했습니다.

문어는 진화하며 (달팽이 집 같은) 원형 껍데기가 몸에서 사라지게 됐어요. 무거운 껍데기가 없으니 자유롭게 이동하면서 사냥할 수 있었죠. 하지만 그 대신에 자신을 지켜 줄 보호막은 없었고요. 지금도 마음만 먹으면 바다에 사는 어떤 물고기라도 문어를 공격할 수 있어요(실제로 물고기 떼가 문어를 공격하곤 합니다).

공동생활도 하지 않으니 자기 몸은 자기가 지켜야 합니다. 이런 상황에서 문어는 자신을 보호하고자 신경계를 발전시켰고, 상당히 높은 지능을 갖게 되었죠. 코코넛 껍질을 이동식 주택처럼 가지고 다니다가 숨거나, 자신이 잠자는 굴 앞을 서너 개의 돌멩이로 막아 놓는 행동은 그런 진화의 결과입니다.

이쯤 되면 문어가 다른 종의 마음을 헤아리는 까닭도 짐작할 만합니다. 동종인 문어는 상대적으로 덜 위험해요. 하지만 낯선 존재는, 그것이 물고기든 스쿠버다이버든 문어에겐 문제가 됩니다. 문어는 위협이 되는 존재인지를 헤아린 뒤 적이면 먹물을 쏘며 도망가고, 그렇지 않으면 그대로 두고서 관찰하죠.

몽고메리나 고프리스미스가 묘사한 문어와 인간의 친근한 만남은 이런 과정에서 나온 예외 사례일 겁니다. 먹고 먹히는 바닷속 생태계는 애니메이션 〈니모를 찾아서〉(2003)의 평화로운 세상이 아니니까요. 야생 문어와 친구가 되려는 존재를 바닷속에서 찾기는 어려울 거예요. 문어와 인간의 만남이 특별한 이유도 이 때문이죠.

낯선 존재와의 만남을 기다리며

여기까지 읽고서 깊은 생각에 빠진 사람이 많을 겁니다. 우리가 사는 지구에는 인간과 전혀 다른 진화 과정을 거친 존재가 수없이 많습니다. 그 가운데는 문어처럼 다른 경로로 지능을 발달시킨 생명체도 있습니다. 그렇다면, 지구와는 비교하기 어려울 정도로 광대한 우주 어디에 존재하는 지적 외계 생명체도 겉모습부터 지능의 수준까지 인간과 아주 다르겠죠.

이렇게 전혀 다른 존재끼리 교감하고 서로 소통하는 일이 가능할까요? 문어와 인간의 만남을 보면 그 가능성을 낙관할 수 있습니다. 문어는 일단 인간이 적이 아니라는 사실만 인지하면 호기심을 보이고 친근하게 다가서기까지 하니까요. 하지만 문어의 속마음이 어떤지는 여전히 불투명합니다.

지금, 이 글을 읽은 여러분이 걱정됩니다. 문어의 진짜 모습을 알고 나서부터 저는 다코야키나 문어탕 등을 마음 편히 먹기가 어려워졌어요. 아니나 다를까, 유럽연합(EU)에서는 이 특별한 동물을 일종의 '명예 척추동물'로 간주해 동물실험에도 주의를 기울이고 있답니다. 그래도 우주 어딘가에 있으리라고 생각하던 지적 생명체가 지구 바다에 있었다니 얼마나 놀라운가요.

이제 글머리의 질문에 답할 차례입니다. 초키는 우주선을 타고서 지구를 방문하지 않았어요. 빛의 속도보다 빠른 우주선은 만들 수도 없을뿐더러, 그런 우주여행은 비효율적이고 우주의 넓은 크기를 염두에 두면 목적 달성도 어렵습니다. 그러니 진짜 지적 외계 생명체가 있다면 우스꽝스러운 UFO를 타고 지구를 방문하는 대신 그들에게 맞춤한 다른 소통 방법을 찾겠죠.

우리 인류의 한계를 인정할 수밖에 없는 대목이 하나 더 있습니다. 우리는 수백 년에 걸쳐서 대양을 넘고 넘어서 유럽의 정복자들이 이른바 '신대륙'이나 '아시아'를 유린한 것처럼, 언젠가 월등한 문명을 지닌 지적 외계 생명체가 나쁜 목적을 가지고 지구를 방문한다는 설정에 익숙합니다. 화성인의 침공을 그린 H. G. 웰스의 『우주전쟁 The War of the Worlds』(1898)을 원작으로 한 영화부터 1980년대에 화제였던 미국 드라마 〈브이〉에서 쥐를 먹듯이 인류를 식량으로 사용하는 파충류 외계인까지!

혹시 이런 걱정 역시 우리 인류의 시각 아닐까요? 지금 인류는 말 그대로 벼랑 끝에 서 있습니다. 계급, 종교, 민족 등에서 비롯된 갈등은 날이 갈수록 격화되고 있습니다. 반세기 만에 지구를 몇 번이나 결딴낼 핵폭탄을 쌓아 두고 서로 으르렁대는가 하면, 급기야 온갖 환경 파괴로 지구 기후의 안정성마저 흔들고 있죠. 눈앞의 현실도 이런데, 지구 바깥으로 눈을 돌린다고 나아질까요? 인류는 우주 멀리에 사는 외계인과 접촉하기는커녕 지금의 문명조차 유지하기 벅찬 상황입니다. 우주 식민지를 개척하기는커녕 석기시대로 돌아갈 가능성이 크죠.

우주 저쪽의 지적 외계 생명체의 사정은 어떨까요? 인류처럼 상호 공감이 아닌 상호 갈등의 문명을 일군다면 그들 역시 우주를 가로지르기 전에 자멸할 가능성이 훨씬 크지 않을까요? 반면에 그런 시행착오를 극복하고 남다른 문명의 성취를 이루고 나서, 급기야 우주로 시야를 넓힌 외계인의 마음 씀씀이는 남다를 수밖에 없습니다. 초키야말로 바로 그런 외계인의 한 본보기고요.

초키는 열두 살짜리 아이를 통해서 지구 문명에 긍정적인 영향을 주려고 합니다. 자신의 시도가 실패했다는 것을 깨닫고 나서는 이렇게 고백하죠.

> "(우주에서) 지적 생명체는 드물다. 각각의 지적 생명체는 다른 모든 지적 생명체에게 의무를 가진다. 게다가 어떤 지적 생명체들은 상호 보완적이다. 아무도 특정 지적 생명체에 잠재해 있는 능력을 평가할 수 없다. 오늘 우리(외계인)는 너희(인류)가 몇 가지 장애물을 넘도록 도울 수 있다. 어쩌면 너희가 어느 미래에, 우리나 다른 지적 생명체들을 도울 만큼 발전할지도 모른다."
>
> ― 존 윈덤, 『초키』(정소연 옮김, 북폴리오, 2011), 238쪽

어쩌면 이런 식일지 모릅니다. 스티브 잡스가 아이폰의 아이디어를 떠올렸을 때, 무슨 일이 있었을까요? 혹시 덜 떨어진, 하지만 호기심이 생기는 지적 생명체를 걱정한 초키 같은 외계인의 속삭임이 있었던 건 아닐까요? 앞으로 문어를 볼 때마다 미지의 지적 외계 생명체와 특별하게 소통하는 방법을 고민해 봅시다.

SF로 인류 문명을 성찰하다
존 윈덤

2009년 11월로 기억합니다. 33년 만에 절정을 이룬 유성우(2009년 11월 18일)가 예고되기 전날이었죠. 지인들과 얘기를 나누던 중 한 친구가 다음날의 별똥별 쇼가 기대된다며 흥분하자 또 다른 친구가 시큰둥하게 한 마디를 내뱉었습니다. "난 눈이 멀까 봐 그런 건 직접 못 보겠어!"

"어, 나도 그런데…." 하고 대답하고서 우리는 얼굴을 마주 보며 동시에 한 단어를 외쳤죠. "트리피드!" 유성우 앞에서 그 친구도 저도 어렸을 적 읽었던 존 윈덤의 SF 『트리피드의 날 The Day of the Triffids』을 떠올렸습니다.

영국의 작가 윈덤이 1951년에 발표한 이 소설은 유성우가 쏟아지던 날, 그것을 지켜본 전 인류의 대부분이 눈이 멀어 버리는 상황을 그린 작품입니다. (『눈먼 자들의 도시』를 쓴 주제 사라마구도 이 책을 읽었으리라고 확신합니다!) 트리피드는 눈이 먼 인류 대신 세상을 지배하는, 유전자를 조작해서 개발한 걸어 다니는 식물의 이름입니다.

어렸을 적에 읽은 책이지만 유성우만 보면 '트리피드'를 떠올릴 만큼 그 끔찍한 내용(세 발로 걸어 다니며 무기력한 인간을 사냥하는 트리피드도 무섭지만 사라마구가 『눈먼 자들의 도시』에서 생생히 묘사했듯이 벼랑 끝으로 몰린 사람들이 보여주는 모습이 더 끔찍했습니다)은 아직도 기억에 생생하죠.

『초키』는 윈덤이 세상을 떠나기 전에 마지막으로 발표한 작품입니다. 애초 우주 전쟁을 다루는 가벼운 SF를 쓰던 윈덤은 제2차 세계대전을 겪고 나서 인류 문명을 성찰하기 시작했습니다. 인류의 미래에 대한 그의 통찰이 밀도 있게 담긴 작품이 바로 『초키』입니다.

무려 반세기가 넘는 시차를 염두에 두더라도 『초키』는 전혀 낡지 않았습니다. "생각이 좁은 지성", "유한한 동력원(화석연료)을 낭비하는 문명", "더럽고, 시끄럽고, 유독하고, 원시적이고 위험한 자동차" 등을 꼬집은 대목이 그렇죠. 반세기 전, 윈덤이 살던 1960년대만 하더라도 '미래 에너지'로 여겼던 핵에너지에 대한 과한 기대는 살짝 웃음도 나옵니다.

16

『세븐이브스』 _닐 스티븐슨

2015년
William Morrow

인류가 지구를 떠나야 한다면

달이 폭발했다. 이렇다 할 원인도, 전조도 없었다. 한창 차오르는 중이었고, 만월을 하루 앞둔 시점이었다. 05:03:12 UTC. 훗날 이 순간은 A+0.0.0 또는 그냥 제로(0)로 표시될 터였다.

충격적입니다. 『세븐이브스 Seveneves』(2015)는 첫 쪽을 펼치자마자 파격적인 설정으로 독자를 놀라게 합니다. 어느 날, 원인을 알 수 없는 이유로 지구를 돌던 달이 갑자기 폭발합니다. 그 충격으로 달이 일곱 개의 조각으로 쪼개집니다. 달이 있어야 할 자리에 일곱 개의 삐뚤삐뚤한 파편이 있다면 얼마나 기괴할까요?

여기서 끝이 아닙니다. 지구를 돌던 일곱 개의 달 조각은 며칠이 지나지 않아 서로 충돌해 여덟 개로 늘어납니다. 곧 세계 곳곳에서 과학자의 경고가 쏟아집니다. 시간이 지날수록 달의 조각끼리 충돌하는 횟수가 늘어나고, 그 결과 달은 점점 더 작은 조각으로 쪼개질 거라고. 그러고 나서 쪼개진 무수히 많은 달의 조각이 지구를 비처럼 덮칠 거라고.

　소설은 이렇게 지구를 비처럼 덮치는 달의 조각에 '하드 레인'이라는 이름을 붙입니다. 그런 하드 레인이 지구에 쏟아지면 어떻게 될까요? 수많은 하드 레인이 지구 표면을 강타한다면 인간을 비롯한 지구의 생물종 대부분의 멸종이 불가피합니다. 소설은 하드 레인이 덮친 지구를 '푸른 지구'가 아니라 오렌지빛으로 벌겋게 달아오른 '붉은 지구'로 묘사합니다.

　하드 레인이 지구를 덮치기까지 남은 시간은 2년 정도. 사형선고를 받은 인류가 할 수 있는 유일한 일은 문명의 유산을 갈무리해서 선택받은 소수의 생존자를 우주로 내보내는 것뿐입니다. 그들이 짧게는 5,000년에서 길게는 1만 년 가까이 우주에서 버텨 낸다면, 다시 지구에서 새로운 인류 문명을 시작할 수 있습니다.

　그런데 왜 제목이 '세븐이브스', 즉 일곱 명의 이브일까요? 눈치 빠른 독자라면 짐작했을 테죠. 2년 동안 전 세계에서 우여곡절 끝에 선발된 수천 명의 선택받은 생존자가 우주로 보내집니다. 하지만 애초 달이 있던 궤도에 비교적 안전한 거점을 마련할 때까지 걸린 수년의 시간 동안, 살아남은 생존자는 딱 여덟 명뿐입니다.

그 여덟 명은 공교롭게도 모두 여성입니다. 그나마 한 명은 가임기를 지나서 임신과 출산이 불가능합니다. 이제 인류의 지속 가능성은 나머지 일곱 명의 여성에게 달렸습니다. 그들이 바로 '세븐이브스'입니다. 인류 문명은 재건이 가능할까요? 책을 읽기 전에 몇 가지 답해야 할 질문이 있습니다.

우주에서 살아남기

『세븐이브스』의 작가 닐 스티븐슨(Neal Stephenson)은 당대의 정확한 과학기술 지식을 소설에 녹여 내는 작가로 유명합니다. 그러면서도 과학자나 엔지니어가 미처 생각하지 못한 발상을 소설을 통해 세상에 제시하죠. 예를 들어 '아바타' 같은 단어도 스티븐슨이 1992년에 발표한 소설 『스노 크래시(Snow Crash)』에서 처음으로 세상에 등장했답니다. 이런 작가가 최후의 생존자를 여성 여덟 명으로 정해 놓은 데는 이유가 있습니다.

수천 명이 우주로 올라갔는데 고작 여덟 명만 살아남은 사정부터 살펴보죠. 우리는 〈스타트렉〉 시리즈나 〈스타워즈〉 시리즈 같은 할리우드 영화를 보면서 우주여행을 거대한 비행기나 크루즈를 타고 다니는 여행으로 착각하곤 합니다. 우주선 내부는 여객선처럼 넓고 쾌적하며, 심지어 탑승자들은 거실 같은 공간에서 체스를 두

거나 농담을 주고받죠. 하지만 과학기술의 수준이 지금보다 상당히 발달하더라도 우주여행은 그렇게 안락하지 않습니다.

우주에는 온갖 위험이 도사리고 있습니다. 공기나 중력이 없고, 극단적인 추위와 더위를 오가는 우주 공간에서 살아남는 인간은 없습니다. 우주에서 살아남으려면 가능한 한 우주선을 벗어나지 않는 게 최선입니다. 그 우주선은 대체로 좁디좁아요. 소설처럼 시간제한(2년)까지 있다면 몇 명이 생활하는 작은 우주선을 여러 채 올리는 게 최선입니다.

이렇게 우주에 웅크린 채 자리를 잡고 나서도 생존을 위협하는 요인은 한두 가지가 아니에요. 소설의 설정대로라면, 끊임없이 지구로 날아가는 달의 파편을 피해야 합니다. 갑작스럽게 준비한 식량도 부족할 가능성이 큽니다. 한번 물어볼까요? 고립된 상황에서 식량이 떨어졌을 때, 인류가 할 수 있는 선택은 무엇일까요? 소설에서는 끔찍하지만, 고개를 끄덕일 수밖에 없는 상황이 나옵니다.

그런가 하면, 우주에서 살아가는 인간의 세포를 매시간 우주방사선(cosmic rays)이 공격합니다. 우주에는 태양, 블랙홀, 별의 폭발 등의 원인으로 다른 천체에서 날아온 방사선이 가득합니다. 물론 지구에서 살아가는 우리는 걱정할 필요가 없어요. 지구자기장이 벨트를 형성해서 방사선 입자가 지표면을 무차별 공격하는 일을 막아주기 때문이죠. 하지만 그런 보호막이 없는 우주는 다릅니다.

우주방사선은 세포핵 안에 들어 있는 유전물질 DNA에 영향을 줘서 돌연변이 암세포의 생성과 활동을 자극합니다. 『세븐이브스』에서 지구를 탈출한 생존자의 목숨을 앗아 가는 가장 중요한 원인도 암이에요. 우주 공간에서는 암이 전염병처럼 창궐합니다. 시간이 지날수록 하나둘씩 암으로 쓰러집니다.

이렇게 우주에서 암이 증가하는 일은 스트레스와도 밀접한 관계가 있어요. 오랫동안 좁은 공간에서 똑같은 사람과 생활하는 상황을 상상해 보세요. 팀원 서너 명과 짧게는 1년에서 길게는 수년간 좁은 공간에서 먹고, 자고, 일하고, 노는 일을 반복한다면 어떻게 될까요? 대부분의 보통 사람이라면 답답함이 주는 스트레스를 견디지 못할 거예요.

실제로 우주에서 살기 어렵게 하는 가장 중요한 요소 가운데 하나가 이런 좁은 공간과 제한적인 인간관계가 주는 심각한 스트레스입니다. 이런 스트레스는 우울증 같은 정신 질환을 유발해서 자기뿐만 아니라 동료에게도 심각한 피해를 줄 수 있고, 암과 같은 질환의 잠재 원인으로 작용하죠.

왜 여성만 살아남았나?

그럼, 왜 하필이면 마지막 생존자 여덟 명이 모두 여성일까요? 스티븐슨이 이런 설정을 그냥 만들었을 리가 없죠. 과학적 근거가 있습니다. 그동안 쌓인 우주 공간에서 장기간 생활할 때 인체에 미치는 영향 연구를 살펴보면, 여성이 남성보다 우주방사선 피해가 적습니다. 즉 우주방사선이 암을 초래할 가능성은 여성보다 남성이 큽니다.

소설에서도 언급되는 또 다른 이유가 많습니다. 여성은 남성보다 평균적으로 체구가 작아서 필요한 물리적 공간도 작고, 음식과 공기도 적게 소비합니다. 게다가 장기간 좁은 공간 안에 서로 밀접해 있을 때의 업무 능력 또한 여성이 남성보다 낫습니다. 인간관계에 문제가 생겼을 때는 어떨까요? 짐작하다시피 좀 더 공격적으로 되어서 사태를 악화시키는 쪽도 여성보다는 남성입니다.

결정적인 중요한 이유도 덧붙여야겠죠. 인류가 종을 보존하려면 남성보다 여성이 마지막에 살아남아야 합니다. 아기를 낳을 수 있는 것은 여성이지, 남성이 아닙니다. 『세븐이브스』의 생존자 가운데 남성 여럿이 암묵적으로 생명을 잃을 수 있는 위험한 작업, 예를 들어 우주 공간으로 나가는 일을 도맡아 했던 이유가 바로 여기에 있습니다.

이쯤에서 새로운 궁금증이 생겼을 거예요. '남녀가 잠자리를 가져야 임신을 할 수 있잖아?' 노!(No!) 잠자리를 갖지 않고서도 여성이 임신할 수 있는 여러 방법이 있어요. 이미 수정된 냉동 배아를 자궁에 착상시킬 수도 있고, 임신에 필요한 냉동 정자를 해동해서 여성의 몸속에 집어넣어서 난자와 수정시키는 방법도 가능합니다.

인공수정을 생각해 보세요.

　『세븐이브스』는 여기서 한 걸음 더 나아갑니다. 달의 파편에 공격당해서 애초 지구에서 싣고 왔던 냉동 배아 대부분이 유실됩니다. 남자는 사라지고 없고요. 배아도 얼마 없고, 정자도 구할 수 없는 상황에서 가임기의 여성 일곱 명이 어떻게 종을 보존할 수 있을까요? 방법이 있어요. 바로 '단성생식(parthenogenesis)'입니다.

　'처녀생식'이라고도 불리는 단성생식은 암컷이나 수컷끼리 따로따로 생식세포를 결합해서 배아를 만드는 방법입니다. 소설이나 영화 속 이야기가 아닙니다. 2018년 10월, 중국의 과학자는 쥐의 암컷 또는 수컷끼리 생식세포를 결합해 건강한 새끼를 태어나게 하는 실험에 세계 최초로 성공했어요. 동성(암컷-암컷, 수컷-수컷)의 부모로부터 자손이 태어날 수 있음을 보인 거예요.

　이 실험에서 암컷끼리 새끼를 낳은 방법을 설명해 볼까요. 일단 암컷으로부터 DNA의 유전정보 절반(n)만 들어 있는 반쪽짜리 생식세포를 두 개 만들어 냅니다. 이 반쪽짜리 생식세포를 핵이 없는 난자 안에서 결합하면 한 벌(2n)의 유전정보를 가진 배아가 만들어집니다. 이 배아를 대리모 쥐의 자궁에 착상시켜서 새끼를 낳게 한 것이죠.

　스티븐슨은 단성생식에 소설적 상상력을 가미해 여성 일곱 명으로도 충분히 인류 종을 보존할 수 있다고 합니다. 어떤가요? 소설 같은 일이 정말로 가능하다면 남성-남성, 여성-여성의 동성 커플도 자신의 유전자를 반쪽씩 가진 아이를 가질 수 있습니다. 그때가 오면 남성-여성 커플은 더 이상 자연스러운 일이 아니게 될까요?

인류는 운이 좋았다

『세븐이브스』는 갑작스러운 재앙으로 인류 문명이 몰락할 상황이 되었을 때 무슨 일이 생길지, 또 인류가 그런 재앙으로부터 종과 문명을 보존하는 일이 가능할지, 만약 그런 일을 시도한다면 어떤 방식일지를 놓고서 현실의 과학기술에 기반을 둔 치밀한 사고실험을 선보입니다. 뒷부분에서는 그렇게 5,000년 동안 살아남은 인류가 어떻게 다시 문명을 재건하는지도 보여 주죠. 마지막에는 깜짝 놀랄 반전도 있습니다.

1969년 7월 20일 인류가 처음으로 달에 착륙하고 나서(닐 암스트롱이 달에 첫 발자국을 남긴 날짜는 1969년 7월 21일입니다) 수십 년간 정체되어 있었던 우주개발이 다시 유행입니다. 지금 우주개발의 가장 큰 목표는 유인(!) 우주선을 화성에 보내는 일입니다. 미국 항공우주국 NASA부터 일론 머스크의 민간 우주개발 기업 스페이스X까지 화성을 향한 야심을 드러내고 있어요.

특히 머스크는 공공연하게 인류의 화성 이주를 이야기합니다. 화성으로의 첫 우주 비행 이후 40~100년 내, 즉 늦어도 22세기 중반까지는 화성에 100만 명이 거주할 '자급자족 도시'를 만들겠다는 비전입니다. "그럴듯하나 실현 가능성은 거의 없다" 같은 우주 전문가 공동체의 회의적인 반응에 머스크는 개의치 않죠.

아마존의 창업자 제프 베이조스는 달에 주목하고 있습니다. 그가 아마존으로 번 돈으로 창업한 블루오리진은 NASA와 함께 달 표면에 거주지를 건설하는 실험을 준비 중이에요. 베이조스는 이 실험에 "개인 재산을 투자할 준비가 되어 있다"고 공언했죠. 그가 달에서 실험해 보려는 이유도 화성 때문입니다. "인류가 일단 달을 주거지로 만들고 나면 화성에도 쉽게 접근할 수 있다"나요?

이제 궁금해집니다. 왜 실리콘밸리의 거물들은 우주개발에 집착하는 것일까요? 머스크와 베이조스 모두 어릴 때부터 달에 다녀온 닐 암스트롱을 비롯한 미국의 우주인을 영웅처럼 여기는 분위기에서 자라며 우주를 향한 꿈을 키워 왔습니다. 둘 다 우주개발의 미래를 그린 SF를 좋아했고요. 하지만 이것만으로는 그들의 열정을 설명하기 어렵습니다.

그들이 우주개발에 집착하는 진짜 이유는 지구에서 살아가는 인류의 미래를 비관하기 때문입니다. 머스크는 소행성 충돌과 같은 할리우드 영화에 자주 나오는 재난이 미래에 닥칠 때 "인류가 멸종 위기에 처하지 않을 유일한 방법이 다른 행성(화성)으로 이주하는 것"이라고 주장합니다.

베이조스도 비슷합니다. 그는 블루오리진이 "우주에서 인간이라는 존재를 지속시키기 위해 씨앗을 뿌리는 작은 팀"이라고 말합니다. 그는 "역동적으로 발전하고 성장하려는 인류의 요구를 따라가기엔 지구의 자원이 부족하니, 지구를 보존하려면 근처의 행성(화성, 소행성)에서 광물을 채굴하고, 오염 산업인 중공업을 우주로 이전해야 한다"고 이야기하죠.

역설적입니다. 자원 낭비나 환경오염으로 인류가 지구에서 더 이상 살 수 없는 상황을 걱정한다면, 그런 미래가 닥치지 않을 방법을 궁리하고 실천해야 마땅해요. 그런데 머스크나 베이조스는 반대로 그런 지구가 결딴나고 인류가 벼랑 끝으로 내몰리는 미래를 숙명처럼 받아들이고 우주개발을 대안으로 제시하죠.

머스크나 베이조스의 몽상이 현실에서 어떻게 구현될지 보여 주는 좋은 사례가 있습니다. 베이조스의 블루오리진은 2025년 4월 14일 여성 여섯 명을 태우고 통상 지구와 우주의 경계로 여기는 고도 100킬로미터 '카르만 선(Karman line)'을 넘어서 106킬로미터까지 도달했습니다. 이곳에서 여섯 명의 탑승자는 약 11분간 무중력 상태를 경험하면서 우주에서 지구의 모습을 감상했죠.

베이조스와 블루오리진은 우주선의 비행사 여섯이 전원 여성이라는 점을 강조했습니다. 하지만 그 여성 가운데는 베이조스와 약혼한 로런 산체스 Lauren Sanchez, 가수 케이티 페리 Katy Perry, 방송 진행자 게일 킹 Gayle King, 영화 제작자 케리앤 플린 Kerianne Flynn 같은 유명인이 포함돼 있었습니다. 실제로 블루오리진은 (정확한 가격은 아직 공개되지 않았지만) 좌석 예약에만 15만 달러(약 2억 1,600만 원)의 보증금이 필요한 우주 관광을 계획 중이고요.

　인류의 미래를 걱정한다면서 수많은 문제가 쌓여 있는 지구를 외면하고 부자를 상대로 고가의 우주 관광을 유치하는 모습. 과연 이들의 우주개발이 가져올 미래는 어떤 모습일까요? 영국의 칼럼니스트 모이라 도네건Moira Donegan은 이 여성 여섯 명의 우주 '관광'을 놓고서 이렇게 꼬집었습니다. "우주가 이제 부유하고 자기애가 충만한 사람의 소셜 미디어 셀카를 위한 배경이 되었다."

　머스크나 베이조스가 주도하는 이런 흐름이 못마땅했을까요? 태양계 밖 외계 행성을 관측한 공으로 2019년 노벨 물리학상을 받은 과학자 미셸 마요르Michel Mayor는 이렇게 꼬집었습니다. "아직 살 만하고 아름다운 지구나 보존합시다." 여러분은 머스크와 베이조스 또 마요르 가운데 어느 쪽 편에 서겠습니까?

과학기술 시대의 예언자
닐 스티븐슨

1984년부터 작품 활동을 시작한 닐 스티븐슨에게 명성을 안겨 준 소설은 본문에서도 언급한 『스노 크래시』입니다. 사이버 가상공간을 가리키는 '메타버스(metaverse)', 그런 가상공간에서 활동하는 사용자의 분신을 칭하는 '아바타(avatar)' 같은 단어가 모두 1992년에 나온 이 소설에서 탄생했습니다.

혁신적인 가상현실(virtual reality) 디스플레이 장치 '오큘러스' 개발의 산파 역할을 한 파머 럭키 Palmer Luckey를 비롯한 수많은 과학자, 공학자, 기업인이 『스노 크래시』의 영향을 받았습니다. 페이스북을 창업한 마크 저커버그가 2014년 오큘러스를 인수하고 2021년 아예 회사 이름을 '메타'로 바꾼 것은 대표적인 사례죠.

스티븐슨은 제프 베이조스가 2000년 민간 우주개발 기업 블루오리진을 창업할 때부터 자문하는 일도 하고 있습니다. 그가 2021년에 펴낸 소설 『터미네이션 쇼크 Termination Shock』는 기후 위기가 심각한 문제로 떠오른 가까운 미래의 혼란을 그리면서, 그것을 해결하고자 햇빛을 가리는 지구공학의 부작용을 경고합니다. 의미심장하죠?

17

『11/22/63』 _스티븐 킹

2011년
Scribner

과거로 돌아가
역사를 바꿀 수 있다면

1909년 10월 26일, 안중근 의사의 총탄에 이토 히로부미가 죽지 않았다면? 1945년, 아돌프 히틀러가 제2차 세계대전에서 승리했다면? 1961년 5월 16일, 박정희 전(前) 대통령의 쿠데타가 실패로 돌아갔다면? 1979년 박정희 사후 전두환 대신 김재규가 권력을 잡았다면? 역사에 가정은 없다지만, 이런 상상은 늘 흥미로운 이야깃거리입니다.

사실, 역사에서 실제로 있었던 일과 다른 상황을 가정해 보는 일은 중요한 일입니다. 크리스토퍼 놀런이 연출한 〈오펜하이머〉(2023)의 원작 『아메리칸 프로메테우스American Prometheus』(2005)의 공저자로 유명한 역사학자 마틴 셔윈Martin Sherwin은 2010년 8월에 저와 함께한 인터뷰에서 이렇게 말했습니다.

> "역사에서 중요한 교훈을 배우고자 한다면, 실제로 있었던 일과 반대의 상황을 가정해 봐야 합니다. 어떤 우리의 결정도 혹은 그 결정에 따라서 일어난 어떤 사건도 필연은 아니기 때문이죠. 우리는 항상 다른 선택을 할 수 있어요. 나는 이것을 '서윈의 첫 번째 역사 법칙'으로 부르고 싶습니다."

그렇다면, 1963년 11월 22일은 어떨까요? 이 날짜만 보고서 '케네디 대통령'을 떠올렸다면 20세기 현대사에 상당히 밝은 독자입니다. 존 F. 케네디 전(前) 미국 대통령이 바로 이날 리 하비 오즈월드(Lee Harvey Oswald)의 총탄에 맞아 세상을 떴어요. 이른바 '미국 역사상 가장 매력적인 대통령'의 암살 사건은 미국인뿐만 아니라 전 세계인에게 충격을 줬습니다.

1968년 형을 따라서 미국 대통령직에 도전하다가 암살당한 동생(로버트 케네디)과 1999년 비행기 사고로 삶을 마무리한 아들(존 케네디 주니어)의 비극까지 생각하면 꼭 미국인이 아니더라도 가슴이 먹먹해집니다. 그래서일까요? 케네디 대통령 암살 사건은 현대사의 여러 장면 가운데 곧잘 음모론의 소재로 쓰입니다. '과연 오즈월드 단독 범행이었을까?'

또, 많은 사람이 그날 케네디 대통령이 총탄에 쓰러지지 않았다면 미국, 더 나아가 세계가 어떻게 바뀌었을지를 상상합니다. '케네디가 살았다면 21세기가 지금보다 훨씬 더 나아지지 않았을까?' 『11/22/63』(2011)은 바로 이런 질문에 '세계 최고의 이야기꾼' 스티븐 킹 Stephen King 답해 본 소설입니다.

여기 고등학교에서 문학을 가르치는 서른다섯 살의 교사 제이크가 있습니다. 그는 우연히 1958년의 어떤 날로 이동하는 시간 여행 통로를 접해요. 그에게 이 신비한 통로를 알려 준 친구는 케네디 대통령 암살을 저지하라는 사명을 전하고 불치병으로 숨을 거두죠. "제이크, 자네가 역사를 바꿀 수 있어. 알겠나? 존 케네디를 살릴 수 있다고."

21세기의 지식인 제이크는 '나비효과(butterfly effect)'를 압니다. 어쭙잖게 과거에 개입했을 때 의도하지 않은 최악의 미래가 나타날 수 있어요. 아무런 도움 없이 혼자 과거로 돌아가서 대통령을 상대로 한 테러를 막는 일이 쉬울 리도 없죠. 하지만 시험 삼아 해 본 '과거 바꾸기'의 좋은 결과를 보면서 그는 마음먹습니다. '그래, 케네디를 구하자.'

과거로 돌아간 제이크는 케네디 대통령 암살 사건을 무사히 막아 낼까요? 만약에 그가 케네디 암살을 막는다면 21세기는 어떻게 될까요? 정말로 세상은 좀 더 나아질까요?

나비효과의 저주, 미래 예측이 불가능한 이유

질문에 답하기 전에 만나 볼 과학자가 있습니다. 미국 매사추세츠주 케임브리지에는 세계적으로 유명한 공과대학 MIT가 있어요. 아직 케네디 대통령이 살아 있던 1961년, 그 대학의 과학자 에드워드 로렌즈Edward Lorenz가 당시로서는 상당히 성능이 좋은 컴퓨터를 이용해서 미래의 날씨를 예측하려고 시도했죠.

어느 날 로렌즈는 몇 달 전에 작업했던 기상 예측 시뮬레이션을 다시 한번 검토하기로 합니다. 일분일초가 아까웠던 그는 지름길을 택했죠. 이전에 출력한 데이터의 초기조건을 다시 컴퓨터에 직접 입력했던 거예요. 한 시간이 지나고 난 뒤, 당시의 엄청난 컴퓨터 소음을 피해 차를 한잔 마시고 돌아온 그는 깜짝 놀랐습니다.

시뮬레이션 결과는 몇 달 전의 그것과 크게 달랐어요. 도대체 무엇이 문제였을까요? 컴퓨터에 직접 입력한 초기조건의 숫자들이 문제였습니다. 애초 숫자는 '0.506127'과 같은 소수점 이하 여섯 자리였는데, 로렌즈는 그중에서 '0.506'처럼 소수점 이하 세 자리만 입력했죠. 10,000분의 1 정도의 차이가 전혀 다른 결과를 낳았어요.

바로 카오스이론(chaos theory)이 탄생한 순간입니다. 초기의 미세한 변화가 결과에 엄청난 차이를 낳는 이런 원리를 흔히 '나비효과'로 부릅니다. 맞아요, 소설 속 제이크가 언급한 '베이징에서 나비가 한번 펄럭이면 뉴욕에서 폭풍우가 칠 수 있다'는 바로 그 나비효과입니다.

기왕 이야기가 나왔으니 카오스이론이 무엇인지 좀 더 정확하게 살펴볼게요. 눈앞에 도저히 예측할 수 없을 정도로 복잡하게 움직이는 물체가 있다고 합시다. 그런데 그 물체의 운동은 복잡해 보이긴 하지만 사실 아주 간단한 방정식을 따르고 있어요. 카오스이론은 이렇게 복잡한 현상 이면에 있는 기본 원리를 찾으려는 과학자의 시도 가운데 하나입니다.

카오스이론을 공부하는 과학자는 기본 원리를 이렇게 표현해요. "초기조건에 대해서 지수함수로 민감한 반응을 보이는 운동." 여기서 말하는 지수함수($y=a^x$)는 우리가 일상생활에서 "기하급수로 증가한다"고 말하는 것이죠. 기하급수가 얼마나 무서운지 보여 주는 유명한 일화가 있습니다.

전쟁에서 이기고 돌아온 장군에게 왕이 소원을 한 가지 말하라고 했어요. 그래서 장군이 첫날 1원부터 시작해서 다음 날은 2원, 그다음 날은 4원, 또 다음 날은 8원, 이렇게 두 배씩 상금을 달라고 말했죠. 이게 바로 기하급수입니다($y=2^x$). 처음에 이런 장군의 소원을 듣고서 왕이나 다른 신하는 그의 어리석음을 비웃었어요.

그런데 두 달(60일)이 지나고 장군이 받아 갈 상금은 얼마가 되었을까요? 놀라지 마세요. 무려 1경 1,529조 2,150억 4,606만 8,495원입니다. 왕이나 다른 신하는 기하급수가 얼마나 무서운지 몰랐던 것이죠. 이처럼 기하급수, 즉 지수함수로 민감한 반응을 보이는 운동에서는 초기의 아주 작은 차이라도 시간이 지나면 엄청나게 다른 결과를 낳습니다.

　기후를 연구하는 많은 과학자는 날씨가 카오스이론의 좋은 예라고 생각합니다. 기상청 슈퍼컴퓨터의 성능이 좋아지면서 우리는 오늘 오후나 내일 아침의 날씨를 비교적 정확히 알 수 있어요. 하지만 불과 일주일만 넘어서도 일기예보의 적중률은 50퍼센트 미만으로 떨어집니다. 초기의 작은 오차가 시간이 지날수록 기하급수로 증폭되면서 일기예보의 정확도가 떨어지는 것이죠.

　카오스이론이 던지는 통찰은 의미심장합니다. 아이작 뉴턴이 만유인력의 법칙을 발견하고 나서 대다수 과학자는 세상의 모든 현상을 과학 법칙으로 설명하려는 야망을 품었습니다. 그럴 만했어요. (이론상으로는) 포탄의 궤적부터 태양을 도는 행성의 움직임까지 정확하게 계산해서 예측하는 일이 가능했거든요.

　카오스이론 역시 이런 욕망의 연장선에 놓여 있습니다. 굉장히 복잡한 현상을 아주 간단한 지수함수 방정식으로 정리하려는 시도니까요. 하지만 그 결과는 반전입니다. 어떤 복잡한 현상을 지수함수 방정식으로 표현하더라도 그것의 미래를 정확히 예측하는 일은 사실상 불가능해요. 왜냐하면, 초기조건이 조금만 달라져도 결과가 크게 바뀔 수밖에 없기 때문입니다.

　처음에는 거의 무시해도 좋을 만큼의 작은 오차도 몇 번만 지나면 기하급수로 아주 큰 차이가 되죠. 앞으로 인간이 많은 용량의 데이터를 처리할 수 있는 '신의 컴퓨터'를 만들더라도 상황은 나아지지 않습니다. 미처 고려하지 못한 초기의 작은 오차가 예상치 못한 결과로 나타날 거예요.

이런 통찰을 염두에 둔다면, 21세기를 살던 제이크가 존 케네디 대통령 암살을 막고자 과거로 들어가면 일어나게 될 일을 상상할 수 있습니다. 그가 과거로 돌아가는 순간부터, 조금 과장해서 이야기하면 과거의 공기를 들이마시는 순간부터 미세한 변화가 나타나기 시작할 거예요. 그리고 그런 수많은 변화(오차)는 기하급수로 증폭돼 예상하지 못한 결과로 등장할 겁니다.

물론 그렇게 나타난 미래의 결과가 긍정적일지, 부정적일지도 알 수 없어요(불확실성). 살짝 귀띔하자면, 『11/22/63』의 이야기를 쓴 스티븐 킹은 케네디 대통령의 암살을 막아서 미래를 바꾸려고 시도했을 때 나타날 일을 놓고 엄청나게 부정적인 결과를 예상했습니다. 그 결과가 어찌나 부정적인지 잠시 정신이 멍할 정도였답니다.

세상을 바꾸는 선택의 힘

이 대목에서 음미해 볼 만한 질문이 있습니다. 과거로 돌아가서 케네디 대통령의 암살을 막고자 고군분투한 제이크의 행동에는 어떤 의미가 있을까요? 킹의 경고대로 그런 섣부른 시도가 오히려 세상을 엉망진창으로 만들 게 뻔하니 차라리 아무런 행동도 하지 않는 편이 나았을까요? 과거로 이어진 통로에 누구도 접근하지 못하도록 막는 게 최선이었을까요?

아닙니다. 앞서 언급한 대로 미래의 결과가 어떨지는 아무도 모릅니다. 비록 킹은 부정적인 결과를 그렸지만, 아주 긍정적인 또 다른 결과가 나타날 가능성도 있어요. 그러니 제이크가 지레 겁을 먹고서 아무런 행동을 하지 않았다면, 그는 긍정적일 수도 있는 미래의 가능성을 포기한 셈이죠.

우리는 매 순간 크고 작은 선택을 해야 합니다. '좋아하는 친구에게 고백할까, 말까?' '합격한 대학에 갈까, 아니면 애초 원했던 대학에 가고자 1년간 시험 준비를 더 해 볼까?' '월급은 적더라도 적성에 맞는 직장에 입사할까, 아니면 월급을 많이 주는 또 다른 직장을 선택할까?' '공무원 같은 안정적인 직업, 성장 가능성은 있지만 불안정한 직업 가운데 어느 쪽을 선택할까?'

이런 선택의 순간마다 우리는 '자신의 의지'와 '주어진 조건'에 따라서 결정을 내려야 합니다. 시간이 지나면 어떤 선택은 긍정적인 결과를 낳지만, 또 다른 선택의 결과는 부정적일 수도 있겠죠. 만약 이런 선택의 순간마다 미래의 불확실한 결과를 걱정하며 주저한다면 어떨까요? 결국 그렇게 망설이다가 주어진 조건에 떠밀려서 결정할 가능성이 큽니다.

마지막으로 한 가지만 더 언급할게요. 『11/22/63』의 제이크는 역사를 바꾸려는 무모한 모험을 시작한 덕분에 깜짝 놀랄 만한 선물을 받습니다. 그의 삶 전체를 송두리째 바꾼 대단한 인연을 만나게 된 것이죠. 제이크와 그가 만난 인연의 사연은 이 소설에서 가장 아름다운 부분 가운데 하나입니다. 궁금하다고요? 여러분이 직접 확인해 보세요.

현존하는 최고의 이야기꾼
스티븐 킹

1947년에 태어난 70대 후반의 미국 작가 스티븐 킹은 세계 최고의 이야기꾼입니다. 1974년 발표한 데뷔작 『캐리 Carrie』부터 최근에 펴낸 『홀리 Holly』(2023)까지 대다수 작품이 전 세계에서 베스트셀러가 되었어요. 그는 『샤이닝 The Shining』(1977), 『그것 It』(1986), 『미저리 Misery』(1987), 『그린 마일 The Green Mile』(1996), 『언더 더 돔 Under the Dome』(2009) 등 현대의 고전으로 꼽힐 만한 여러 소설을 썼죠.

공포 소설로 유명한 킹은 『다크 타워 The Dark Tower』(1982), 『스탠드 The Stand』(1978), 『11/22/63』 같은 판타지, SF까지 써내며 다양한 장르로 독자에게 즐거움을 안겨 줍니다. 영화나 드라마로 만들어진 작품이 가장 많은 작가로 『기네스북』에 오를 정도로 언제나 흥미진진한 이야기를 보여 주죠. 또 그 안에 인간 본성과 사회구조에 대한 날카로운 통찰까지 녹여 넣습니다.

킹이 2000년에 펴낸 『유혹하는 글쓰기 On Writing』는 '작가가 쓴 가장 재미있는 글쓰기 교과서'로 수많은 독자에게 사랑받고 있어요. 고백하자면, 킹은 제가 개인적으로 가장 좋아하는 작가입니다. 아직 그의 소설을 접하지 못했다면 시간 날 때마다 한 권씩 찾아서 읽어 보길 권해요. 처음 킹의 작품을 읽는다면 『빌리 서머스 Billy Summers』(2021)로 시작해 보세요. 이야기 속에 이야기가 펼쳐지는 것도 매력적이고, 글쓰기가 구원의 과정으로 그려지는 모습이 깊은 울림을 주거든요.

18

『소멸 세계』_무라타 사야카

2015년
河出書房新社

누구를 위한
인공 자궁인가

만 13년 전, 저와 아내는 동네 산부인과 병실에서 얼굴이 사색이 된 채 고민에 빠져 있었습니다. 아직 임신 24주밖에 안 됐는데 뱃속 아이가 세상으로 나오려고 하는 통에, 아내는 이미 일주일간 조산방지 약을 계속 맞는 상황이었죠. 생각지도 못한 조산의 위험을 맞닥뜨린 저는 일주일간 동분서주하면서 온갖 정보를 수집했고요.

보통 태아는 엄마 뱃속에서 만 40주를 채우고 나서 세상에 나옵니다. 만약 여러 사정으로 뱃속 아이가 임신 37주 전에 태어난다면 조산아로 간주하죠. 이렇게 조산아로 태어나면 인큐베이터에서 아직 성숙하지 못한 아이의 폐 대신 인공호흡기를 사용하고, 관으로 필요한 영양분을 공급하면서 키워야 해요.

물론 이렇게 인큐베이터에서 키우는 데는 한계가 있습니다. 2025년 현재, 현대 의학이 허락한 조산아 생존 가능성의 경계는 임신 23~24주입니다. 24주 아이가 생존할 확률은 55퍼센트, 23주는 15퍼센트 정도죠. 태어난 아이가 생명을 건지더라도 평생 만성 폐질환이나 뇌 손상, 뇌성마비 같은 병과 그에 따른 장애를 얻게 될 가능성이 큽니다.

만 13년 전 그날, 우리 앞에는 두 가지 선택지가 있었습니다. 첫 번째 선택지는 "설사 아이가 일찍 태어나더라도 인큐베이터에서 살려 줄 수 있다"라고 자신하는 용한 의사들이 모인 서울의 한 상급 종합병원에 가는 것이었어요. 두 번째 선택지는 조산을 막는 경험이 많은 한 여성병원을 찾아가는 것이고요. 어디를 선택하든 아이와 우리 부부의 운명은 불확실했습니다.

다행히 아이는 임신 25주를 넘기고 26주째에 접어든 상황이었어요. 첫 번째 선택을 하면 아이가 살 가능성이 컸죠. 하지만 앞서 언급한 대로 그렇게 일찍 태어난 아이는 장애를 얻게 될 가능성이 큽니다. 자칫하다가는 조산의 후유증 때문에 다섯 살을 채우지 못하고 세상을 떠날 수도 있고요.

두 번째 방법을 선택하면 임신 기간을 온전히 채워서 아이를 낳을 수 있었습니다. 그러나 만에 하나 조산을 막지 못하면 제대로 처치하기가 어려워서(조산아를 키울 인큐베이터와 의료진을 갖춘 병원은 적습니다) 아이가 생명을 잃거나 운 좋게 살더라도 앞서 언급한 것과 똑같은 심각한 장애가 생길 수 있었죠. 우리 부부는 어떤 선택을 했을까요?

인공 자궁으로 아이를 키우는 세상

실제로 조산아가 많습니다. 한국에서 한 해 태어나는 아이 열 명 가운데 한 명이 임신 20주에서 36주 사이에 태어나는 조산아입니다. 그 가운데 일부는 태어나자마자 목숨을 잃거나 평생 장애를 안고서 살아야 해요. 이런 안타까운 사정을 해결하고자 세계 곳곳의 과학자와 의학자는 인공 자궁을 개발 중입니다.

인공 자궁? 맞아요. 올더스 헉슬리가 1932년에 펴낸 고전 SF『멋진 신세계 Brave New World』에도 나오는 그 악명 높은 인공 자궁입니다. 헉슬리의『멋진 신세계』에서는 세계 정부가 지배하는 26세기의 디스토피아 미래 사회를 그립니다. 이곳에서 모든 아이는 마치 컨베이어 벨트에서 생산하는 자동차처럼 인공수정으로 태어나 일종의 인공 자궁 '유리병'에서 길러지죠.

헉슬리 이후에도 인공 자궁을 상상했던 작가는 한둘이 아닙니다. 일본 작가 무라타 사야카의『소멸 세계 消滅世界』(2015)에서도 인공 자궁이 등장합니다.『소멸 세계』의 가상 일본에서는 여성과 남성이 성관계를 통해서 새로운 생명을 임신하는 일이 금기시됩니다. 성인이 되면 여성과 남성은 의무적으로 피임 처치를 받아야 합니다.

   이렇게 된 사정이 있어요. 제2차 세계대전 때 대다수 남성이 전쟁터로 끌려가면서 남녀 간의 연애, 결혼을 통한 출산이 어려웠어요. 『소멸 세계』에서는 그 전쟁 통에 인공수정 과학기술이 발전했습니다. 실제로는 1945년 8월 15일 일본이 항복하면서 전쟁이 끝났죠. 일본에는 8월 6일(히로시마)과 9일(나가사키)에 핵폭탄이 투하되었고요(10장 『영원한 전쟁』).

   인공수정이 대세가 되자 남녀가 성관계를 맺고서 자연 임신으로 출산하는 일은 구시대의 야만적인 문화가 되었습니다. "인간은 과학적인 교미를 통해 번식하는 유일한 동물"(『소멸 세계』, 살림출판사, 2017, 15쪽, 이하 같은 작품)인 거예요. 그렇게 21세기가 되자 실제 이성 혹은 동성 간 연애는 (독특한 취향을 가진) 소수의 선택이 되었습니다. 다수는 애니메이션, 소설 속 가상 인물에게 연애 감정을 투사하죠.

   당연히 부부 관계도 달라집니다. 부부는 그냥 정자와 난자를 제공해서 가족을 형성하는 관계일 뿐입니다. 부부 사이에 연애 감정을 느끼거나, 심지어 한쪽(남편)이 다른 쪽(아내)에게 성욕을 가지고 성적 친밀감(키스)을 표현하는 일은 '근친상간'으로 취급되어 금기시됩니다. 실제로, 주인공 아마네는 첫 남편이 자기에게 키스하려고 하자 혐오감에 구토하고 결국 이혼하죠. "기가 막히네요. '가족'에게 성행위를 하려 들다니."(59쪽) 예전에는 가족 바깥에서 사랑을 찾으면 손가락질을 받았지만, 지금은 오히려 그 반대입니다. 연애는 가족이 아닌 사람(혹은 상상 속 인물)과 하는 게 당연해졌고, 사랑과 가정은 완전히 분리된 개념이 되었죠.

임신, 출산은 철저하게 과학기술에 의존합니다. 소설에선 이를 "과학적 교미"라 합니다. 정자와 난자의 인공수정 후에 배아를 여성의 자궁에 착상해서 출산하죠. 이 세계에서 "과학적 교미"의 최종 상태가 바로 인공 자궁입니다. 인공 자궁이 실현되어 "남성이나 본인 자궁으로 임신이 어려운 고령의 여성이라도 임신, 출산할 수 있는 날"(16쪽)을 모두가 기대하고 있습니다.

『멋진 신세계』와 『소멸 세계』가 상상했던 그 인공 자궁이 실체를 드러내고 있어요. 미국 필라델피아 아동병원 에밀리 파트리지Emily Partridge 연구 팀은 인공 자궁의 아이디어를 현실로 옮긴 '바이오백(bio-bag)'을 개발하고 있어요. 이들은 어미 양의 뱃속에서 (사람으로 치면 임신 23~24주에 해당하는) 새끼 양을 제왕절개로 꺼낸 뒤 곧바로 바이오백 안에 집어넣고 키웠습니다.[13]

바이오백과 같은 인공 자궁은 이름처럼 임신부 뱃속의 자궁을 가능한 한 그대로 따라서 만듭니다. 바이오백 안은 실험실에서 만든 따뜻한 무균상태의 양수로 가득 차 있죠. 이 양수는 두 개의 관을 통해서 하루에 약 1,100리터씩 바이오백을 통과하고요. 노폐물을 제거하고 무균상태를 유지하기 위해 원래의 양수를 배출하고, 신선한 양수를 공급하는 거예요. 바이오백 안에서 아기는 자궁에서

처럼 양수를 삼키며 살아갈 수 있어요.

이산화탄소를 제거하고 산소를 혈액에 공급하는 태반은 산소 공급기로 대체합니다. 탯줄 속의 정맥과 연결된 산소 공급기를 통해서 필요한 영양분과 약물도 전달하죠. 놀랍게도 산소 공급기는 자동 펌프 대신 아기의 심장박동으로 움직입니다. 자동 펌프가 아이의 작은 심장에 무리를 줄 수 있으니까요.

바이오백 개발 팀은 이런 인공 자궁이 성공적으로 완성되면 임신 20~24주에 태어난 조산아의 생명을 구하는 데 큰 도움이 되리라고 전망합니다. 이들은 양의 새끼가 아닌 임신 20~24주에 조산한 인간 아기를 바이오백 안에서 키우는 임상 시험을 허가해 달라고 미국 식품의약국(FDA)에 요청했습니다.

필라델피아 아동병원의 경우만 하더라도, 새끼가 어미의 자궁 안에서 자라며 장기가 어느 정도 발달한 뒤였어요. 그런데 2021년 3월 17일, 이스라엘 와이즈만 과학연구소 야코브 하나(Jacob Hanna) 등은 한 걸음 더 나아간 연구 성과를 《네이처》에 발표했어요. 이들은 아예 생쥐의 배아(아기 씨)를 인공 자궁에서 자라게 했습니다.

이들은 임신 5일째의 생쥐 자궁에서 250개의 세포로 분화한 배아를 떼 내서 인공 자궁으로 옮기고 6일 동안 자라게 했어요. 생쥐의 전체 임신 기간 약 20일 가운데 4분의 1 정도를 인공 자궁에서 키운 것이죠. 이들은 생쥐의 배아를 특수 영양 액이 든 '유리병(!)' 속에 넣고 나서, 배아가 유리병에 달라붙지 않도록 회전시키며 산소를 공급하고 이산화탄소도 빼 줬어요.

  이들이 인공 자궁에서 키운 1,000개 이상의 생쥐 배아 가운데는 수정 당일 암컷 생쥐의 난관에서 채취한 수정란도 있었습니다. 이 수정란을 인공 자궁에서 11일 동안, 그러니까 전체 임신 기간 가운데 절반 정도를 성장시키고 나서 발달 과정을 살폈더니, 살아 있는 생쥐 자궁에서 자라는 배아와 똑같은 상태였어요.

  이 대목에서 깜짝 놀랄 독자가 있겠죠? 와이즈만 과학연구소와 필라델피아 아동병원의 연구 성과를 합하면 어떻게 될까요? 맞습니다. 인공수정으로 만들어 낸 배아를 태아 단계까지 키우고 나서(와이즈만 과학연구소), 임신 기간의 절반 정도까지 발달한 태아를 아기로 키워 낼 수 있어요(필라델피아 아동병원).

임신과 출산도 아웃소싱하는 세상

  조산아와 그 부모의 안타까운 상황만 염두에 두면 인공 자궁 개발은 꼭 필요한 일처럼 보여요. 하지만 곰곰이 따져 보면, 고려해야 할 점이 한둘이 아닙니다.

  하나씩 살펴볼까요. 미국의 일부 주에서는 상업적 대리모를 허용합니다. 대리모에 아주 우호적인 미국 캘리포니아주의 고급 난임 전문병원에서는 부유한 여성과 대리모를 연결해 주는 사업이 성행 중입니다. 무슨 말인지 모르겠다고요? 이런 식입니다. 한창 직장에서 승승장구하며 경력을 쌓는 30대 여성이 있다고 합시다. 이 여성은 바쁘지만, 더 늦기 전에 아이를 갖고 싶어 하죠.

하지만 임신과 출산을 하려면 최소한 수개월에서 1년 동안의 경력 단절이 불가피합니다. 자기 능력을 높게 평가하는 회사의 경영진도 임신과 출산을 원하지 않고요. 바로 이런 상황에 놓인 여성이 대리모를 찾습니다. 체외수정(시험관아기)으로 만든 배아를 대리모의 뱃속 자궁에 착상시켜서 임신과 출산을 하게 하는 방식이죠.

한창 경력을 쌓는 중인 20대 할리우드 여성 배우나 모델이 있습니다. 그들도 임신과 출산 때문에 경력이 끊기고 싶어 하지 않아요. 더구나 이들은 임신과 출산으로 몸매가 망가지는 일도 원하지 않습니다. 임신과 출산 전의 몸매로 돌아가려면 엄청난 노력이 필요하니까요. 이들 역시 임신과 출산을 대신할 대리모를 찾아요.

다른 사람의 아이를 뱃속에서 대신 키우고 출산의 고통까지 감내해야 하는 대리모 일엔 누가 자원할까요? 맞습니다. 돈이 간절히 필요한 가난한 여성이 나섭니다. 캘리포니아주의 난임 병원에서 부유한 여성과 대리모를 연결하며 받는 돈은 15만 달러(2억 2,000만 원)에서 25만 달러(3억 6,700만 원) 정도 해요. 돈만 있으면 임신과 출산까지 아웃소싱(outsourcing) 하는 세상!

값싼 대리모를 구하려고 가난한 나라를 찾아가는 일까지 있습니다. 영국을 비롯한 서유럽 국가의 '대리모 관광국' 인도에서는 가난하고 글도 읽지 못하는 대리모를 기숙사에 가둬 놓고서 임신과 출산을 관리하는 일까지 벌어졌어요. 그야말로 '아기 공장'이죠. 인도 정부가 2016년 대리모 출산을 금지하자 대리모 관광국으로 (전쟁 전의) 동유럽 우크라이나가 떠올랐고요.

만약 인공 자궁이 상용화하고, 실제로 임신부 뱃속만큼 안전하다는 확신이 생기면 무슨 일이 벌어질까요? 임신과 출산 자체를 (대리모 대신) 과학기술의 힘을 빌려서 하려는 움직임이 나타날 겁니다. 당연히 이렇게 과학기술에 임신과 출산을 맡길 이들은 기꺼이 인공 자궁을 이용할 경제적 능력이 되는 부유한 계층이겠죠.

인공 자궁으로 누가 행복해질까?

『소멸 세계』 세상에서도 인공 자궁이 등장하면서 세상이 요지경으로 바뀝니다. 자원자만 거주할 수 있는 몇몇 실험 도시는 매년 크리스마스이브(12월 24일)마다 인공수정 대상자를 선정합니다. 그 남녀가 내놓은 정자와 난자는 인공수정 후에 배아로 만들어져서 그들에게 무작위로 공급됩니다. 여성은 자기 자궁에, 남성은 인공 자궁에 배아를 착상하죠.

그렇게 탄생한 아기는 태어나자마자 실험 도시 차원에서 공동 양육 합니다. 이들이 만 열다섯 살이 되면 성인으로 사회생활을 시작합니다. 정자와 난자를 내놓아서 인공수정 대상자가 될 수 있으니까요. 이 도시에서 성인은 남녀 모두 '엄마'라고 불립니다. 열다섯 살 미만의 미성년자는 모두의 아이가 되어서 끊임없이 그 엄마들로부터 '사랑'을 받아야 하고요.

가족 바깥의 연애 관계에서 행복을 찾지 못한 아마네는 재혼한 남편과 함께 이 실험 도시로의 이주를 결심합니다. 이주하고 나서 둘은 인공수정 대상자로 선정됩니다. 배아가 아마네의 자궁과 남편의 인공 자궁에 착상되죠. 하지만 뜻밖에도 끝까지 출산에 성공하는 사람은 아마네가 아니라 남편이죠.

한번 인공 자궁으로 출산을 경험한 남편은 이 실험 도시에 완전히 동화됩니다. 아마네의 사정은 다릅니다. 남편의 정자와 자기의 난자로 만들어진 아기를 한 번이라도 보고 싶은 소망은 부정당합니다. 대신에 끔찍한 현실을 맞닥뜨리죠. 이 도시에서 출산한 아기 가운데 일부는 솎아져서 버려집니다. "저 중에서 건강한 아이들을 골라 '아가 방'으로 옮길 거예요."(263쪽) 간호사는 아무렇지도 않게 말합니다.

아마네는 다시 혼자가 됩니다. 이 도시에서 부부와 자녀 관계로 구성된 가족은 의미가 없기 때문이죠. 모두가 '엄마'가 되고 모두가 '자녀'가 되지만 정작 혼자서 외롭게 사는 세상. 실제로 소설처럼 인공 자궁으로 달라지는 임신과 출산은 여성뿐만 아니라 모두의 삶에 큰 영향을 미칩니다.

여성의 삶에서 임신과 출산 및 양육이 중요한 역할을 차지하다 보니, 현재 여성과 가장 겹치는 이미지는 '어머니'입니다(모성 신화). 이런 사정을 염두에 두고서 여성에게만 (전통적) 어머니의 역할, 예를 들어 돌봄 노동 같은 일을 강요해 온 현실이 바뀌어야 한다고 주장하는 이들이 있습니다. 이들은 인공 자궁으로 여성이 임신과 출산의 의무에서 해방되는 일을 반기죠.

하지만 일이 꼭 그렇게 진행되리라는 보장은 없습니다. 지금도 여러 이유로 임신과 출산을 하지 못하거나 거부하는 많은 여성이 있어요. 만약 인공 자궁이 상용화한다면, 이런 여성에게 어머니가 되라는 사회적 압박이 가해지진 않을까요? '어차피 자기 뱃속에서 아이를 키울 것도 아닌데, 왜 아이 낳는 걸 거부해?' 이런 노골적인 압력이 나타난다면 어떻게 해야 할까요?

흥미롭게도 똑같이 인공 자궁을 반기지만 그 이유는 정반대인 사람도 있습니다. 바로 극단적인 여성 혐오주의자예요. 황당하게도 그들은 여성의 존재 자체를 부정하며 여성 없이 남성만으로 사회를 꾸릴 수 있다고 생각하죠. 이들에게 인공 자궁은 인류의 재생산, 즉 임신과 출산에서 여성의 역할을 없애도록 돕는 과학기술입니다.

인공 자궁을 쌍수 들고 환영하는 또 다른 이들은 남성 동성애자 커플이에요. 미국에서는 2015년 6월 26일 연방대법원의 결정에 따라 동성 결혼이 합법화되었습니다. 하지만 남성 동성애자 커플은 자신의 아이를 갖고 싶어도 입양하거나 대리모를 이용할 수밖에 없죠(보통 난자는 남성 동성애자 커플의 한 사람과 눈 색깔이 같은 여성의 것을 기증받아요).

남성에서 여성으로 성을 전환한 여성도 마찬가지 상황입니다. 가슴을 나오게 하고 생식기 모양을 남성형에서 여성형으로 성형하는 일은 가능해요. 하지만 뱃속에 자궁이 없는 성전환 여성의 임신과 출산은 불가능하죠. 남성 동성애자 커플이나 성전환 여성에게 인공 자궁은 자신의 아이를 낳을 수 있는 과학기술의 선물로 받아들여질 가능성이 큽니다.

과학기술의 예상치 못한 효과

여기까지 읽으면서 어떤 독자는 인공 자궁을 둘러싼 복잡한 사정 때문에 현기증이 났을 거예요. 맞습니다. 인공 자궁이 가져올 변화는 단지 조산아나 그 부모의 고통을 덜어 주는 차원에서 끝나지 않아요. 임신과 출산을 여성의 삶에서 떼어 내는 일은 인류가 한 번도 경험하지 못한 규모의 사회 변화를 낳을 가능성이 크니까요.

이렇게 과학기술은 과학자가 미처 생각하지 못한 충격을 사회에 줍니다. 그런 충격에 반응하면서 사회 역시 바뀔 수밖에 없고요. 새로운 과학기술이 일상생활 속으로 들어올 때 신중해야 하는 이유가 바로 이런 사정 때문입니다. 인공 자궁은 과연 인류를 행복하게 해

줄 수 있을까요. 조산을 막고, 태아를 엄마의 자궁 안에 좀 더 붙들어 놓을 좋은 방법은 없을까요.

아마네는 그 후에도 몇 차례 인공수정 대상자로 선정되지만 한 번도 출산에 성공하지 못합니다.『소멸 세계』속 인공 자궁 도시에서 진행 중인 실험은 '에덴 시스템'으로 불립니다. 하지만 정작 아마네는 그 에덴동산에서 행복하지 못합니다. 아마네는 이 에덴동산에서 자기만의 복수를 시작합니다. 참, 그녀에게는 남들에게 선뜻 말하지 못하는 비밀도 있답니다.

그나저나 만 13년 전 우리 부부는 어떤 선택을 했을까요. 그때 우리는 제대로 임신 기간을 채워서 아이를 낳기로 했습니다. 24주부터 세상으로 나오려 했던 아이는 다행스럽게도 참고 또 참은 끝에 38주 만에 세상으로 나왔어요. 40주를 채우지 못해서 몸무게는 2.5킬로그램이 안 되는 저체중이었지만, 인큐베이터 신세를 지는 일은 면할 수 있었죠.

그 아이가 30대로 살아갈 2050년, 그러니까 21세기 중반은 어떤 세상일지 궁금합니다. 그때 등장할 인공 자궁이 만들어 갈 세상은 지금 우리의 고민, 선택, 실천과 맞닿아 있습니다.

잃어버린 세대의 '편의점 작가'
무라타 사야카

일본에서는 1970년에서 1982년 사이에 태어난 세대를 흔히 '잃어버린 세대(lost generation)'라고 부릅니다. 일본은 제2차 세계대전이 끝나고 나서 1960년대부터 1980년대까지 30년간 꾸준히 경제가 성장했습니다. 특히 1986년부터 부동산, 주식시장이 치솟으면서 이른바 '거품 경제'가 절정에 다다랐죠. 이 거품 경제는 1991년쯤부터 몰락하기 시작해서 30년 넘게 회복 못했어요.

이제 잃어버린 세대의 의미를 알아챘죠? 거품 경제가 꺼지고 나서 10대, 20대가 된 잃어버린 세대는 취업하지 못한 채 빈곤한 청춘을 감당해야 했습니다. 이 잃어버린 세대를 상징하는 작가가 바로 무라타 사야카입니다. 무라타는 1979년에 태어나서 대학 때부터 편의점 아르바이트를 시작해서 졸업 후에도 편의점에서 일하면서 틈틈이 소설을 썼습니다.

편의점에서 일한 경험을 기반으로 쓴 『편의점 인간コンビニ人間』(2016)이 2016년에 일본에서 권위를 인정받는 아쿠타가와상을 수상하면서 일본뿐만 아니라 세계적으로 주목받는 작가가 되었습니다. 『편의점 인간』은 연애, 결혼, 취업 활동 없이 18년째 편의점에서 일하는 주인공 후루쿠라 게이코에게 일어나는 이야기입니다.

무라타는 파격적인 설정을 독특한 시선으로 풀어내는 소설을 발표해서 일본 독자 사이에서는 '크레이지 무라타'로 불립니다. 『소멸 세계』를 읽어보면 그런 별명이 왜 붙었는지 고개가 끄덕여집니다. 참, 발표한 작품이 160만 부 이상 팔린 무라타는 20년 정도의 편의점 아르바이트 생활을 접고 지금은 전업 작가로 일한답니다.

함께 읽기

01. 대분기 논쟁

로버트 C. 앨런의 『세계 경제사』(2011)를 읽어 보면 대분기 논쟁을 둘러싼 쟁점과 그의 설득력 있는 견해를 접할 수 있습니다. 대런 아세모글루와 사이먼 존슨의 『권력과 진보』(2023)의 5장('중간 정도의 혁명')도 대분기 논쟁을 정리하고 있습니다. 흥미롭게도, 아세모글루와 존슨의 답변은 앨런과 다릅니다.

이들은 영국에서 산업혁명이 시작할 수 있었던 결정적인 요인으로 자유와 평등이 추동한 민주주의의 성장을 꼽습니다. 왕과 귀족의 권력이 약해지면서 "비교적 평범한 배경 출신인 사람"도 "사업가 정신과 혁신"을 이끌어 낼 수 있었습니다. 영국의 이런 '권력관계의 변화'와 그에 따른 '경제적·사회적 변화'야말로 산업혁명의 진짜 이유라는 것이죠.

야성 황의 『중국필패』(2023)도 비슷한 문제의식을 담은 책입니다. 중국은 사실상 왕을 중심으로 한 국가권력이 너무 강해서 지식인조차도 왕이 허락하지 않은 "호기심"을 밀어붙일 엄두를 내지 못했고 그것이 혁신의 실패로 이어졌다는 설명이죠.

대분기는 사회적 권력 구조의 변화가 결정적이었을까요, 아니면 노동력과 자원을 둘러싼 경제적 여건이 핵심 요인이었을까요? 역사학자, 경제학자는 여전히 논쟁 중입니다.

BOOK LIST

- 로버트 C. 앨런, 『**세계 경제사**』, 이강욱 옮김, 교유서가, 2020.
  Robert C. Allen, *Global Economic History*, Oxford University Press, 2011.

- 대런 아세모글루·사이먼 존슨, 『**권력과 진보**』, 김승진 옮김, 생각의힘, 2023.
  Daron Acemoglu·Simon Johnson, *Power and Progress*, PublicAffairs, 2023.

- 야성 황, 『**중국필패**』, 박누리 옮김, 생각의힘, 2024.
  Yasheng Huang, *The Rise and Fall of the East*, Yale University Press, 2023.

02. 노인과 사회

'에이지즘(ageism)'을 들어 본 적이 있나요? 1969년에 세상에 처음 등장한 이 단어는 한국어로 번역하면 '고령 차별', 좀 더 노골적으로 얘기하면 '노인 혐오'를 지칭합니다. 한국 사회의 고령화가 진행할수록 이런 에이지즘도 심해지리라 예상할 수 있습니다. 애슈턴 애플화이트는 『나는 에이지즘에 반대한다』(2016)에서 고령 차별의 실상을 폭로하고 노인이 다음 세대와 어울려서 살 수 있는 방법을 모색합니다. '나이 든다는 것'을 두고 저자가 내놓는 의견도 설득력이 있습니다.

이 대목에서 노년의 삶이 어떤 변화를 겪었는지를 살펴보는 일도 의미가 있어 보입니다. 팻 테인이 엮은 『노년의 역사』(2005)는 고대 그리스-로마 시대부터 현재까지 서양의 역사가 기록한 노년의 모습을 추적한 책입니다. 이 책을 읽다 보면 노년에 대한 고정관념과 편견이 역사적 산물이라는 사실을 알게 됩니다. 흔히 믿는 것과 달리, 전통 사회에서 노인이 항상 존중받았다는 통념도 실제 역사와 꽤 거리가 있답니다.

1997년 발표한 『총, 균, 쇠』로 유명한 재러드 다이아몬드는 그 책 이후에도 『문명의 붕괴』(2005), 『어제까지의 세계』(2012) 등을 펴냈습니다. 『문명의 붕괴』, 『어제까지의 세계』는 『총, 균, 쇠』만큼 중요한 작업입니다. 추천 도서 목록에서 자주 보이는 『총, 균, 쇠』에서 읽기가 멈춰 있었다면 『문명의 붕괴』, 『어제까지의 세계』에 관심을 가져 보길 바랍니다. 본문에서 인용한 '노인의 역할'에 대한 다이아몬드의 통찰은 2013년 11월 5일 테드(TED) 강연 동영상('How societies can grow old better')을 통해서도 확인할 수 있습니다.

테드 강연

BOOK LIST
- 애슈턴 애플화이트, 『**나는 에이지즘에 반대한다**』, 이은진 옮김, 시공사, 2016.
  Ashton Applewhite, *This Chair Rocks*, Networked Books, 2016.
- 팻 테인 엮음, 『**노년의 역사**』, 이은진 옮김, 글항아리, 2012.
  Pat Thane(ed.), *History of Old Age*, J. Paul Getty Museum, 2005.
- 재러드 다이아몬드, 『**총, 균, 쇠**』, 강주헌 옮김, 김영사, 2023.
  Jared Diamond, *Guns, Germs, and Steel*, W. W. Norton, 1997.
- 재러드 다이아몬드, 『**문명의 붕괴**』, 강주헌 옮김, 김영사, 2005.
  Jared Diamond, *Collapse*, Viking, 2005.
- 재러드 다이아몬드, 『**어제까지의 세계**』, 강주헌 옮김, 김영사, 2013.
  Jared Diamond, *The World Until Yesterday*, Viking, 2012.

03. 종말, 그리고 행복

독감으로 인류 문명이 몰락하고 나서의 세상을 그린 소설은 많습니다. 『스테이션 일레븐』 외에 하나를 더 권한다면, 스티븐 킹의 『스탠드』(1978)가 생각납니다. 이 소설은 미국의 한 군부대 연구소에서 생물무기로 개발하던 치명적인 인플루엔자 바이러스가 세상으로 유출되면서 세상이 몰락하는 이야기입니다.
한국어판으로 무려 여섯 권이나 되는 방대한 분량이죠. 특히 독감으로 인류가 몰락하는 과정을 생생하게 보여 주는 1권이 압권입니다. 물론, 독감으로 문명이 몰락하고 나서 선악의 대결을 축으로 수많은 등장인물이 만들어 가는 이야기도 눈을 떼지 못할 정도로 흥미롭고요.

대니얼 길버트의 『행복에 걸려 비틀거리다』는 행복에 대한 우리의 통념을 깹니다. 모두가 원하지만 가닿지 못하는 동화 속 '파랑새' 같은 행복의 실체를 확인할 수 있을뿐더러, 수많은 흥미로운 사례로 마음이 작동하는 방식의 이해도 높일 수 있습니다.

행복을 놓고서 함께 읽을 좋은 책으로 『조너선 하이트의 바른 행복』(2006)도 있어요. 이 책은 종교, 철학 등 고대의 지혜가 언급한 행복의 내용을 살피면서 그것이 현대 심리학이 파악한 우리 마음의 작동 방식과 어떤 점에서 통하는지 풀어내고 있습니다. 강력하게 추천합니다.

BOOK LIST
- 스티븐 킹, 『**스탠드 1~6**』, 조재형 옮김, 황금가지, 2007.
  Stephen King, *The Stand*, Doubleday, 1978.
- 대니얼 길버트, 『**행복에 걸려 비틀거리다**』, 최인철·서은국·김미정 옮김, 김영사, 2006.
  Daniel Gilbert, *Stumbling on Happiness*, Knopf, 2006.
- 조너선 하이트, 『**조너선 하이트의 바른 행복**』, 왕수민 옮김, 부키, 2022.
  Jonathan Haidt, *The Happiness Hypothesis*, Basic Books, 2006.

04. 인종주의를 해부하다

오늘날 미국의 인종차별, 특히 아프리카계 미국인의 현실을 살펴보기에 좋은 소설로 앤지 토머스의 『당신이 남긴 증오』(2017)를 추천하고 싶습니다. 친구 '칼릴'이 백인 경찰의 총에 맞아 죽고 나서, 사건의 유일한 목격자인 열여섯 살 소녀 '스타'가 세상에 진실을 알리기 위해 고군분투하는 이 이야기는 미국 현지에서 100만 부 이상이 팔리며 우리 시대 필독서가 되었습니다.

니나 자블론스키는 피부색의 과학에 관한 한 최고 과학자입니다. 그의 책 『스킨』을 찬찬히 읽고 나면 햇빛이, 다채로운 피부색이, 결정적으로 인종이 다르게 보입니다. 이 책의 핵심 주장을 한눈에 확인하려면 "Map of Human Skin Color", "Map of UV" 등을 구글 같은 검색 사이트에 입력하고 이미지를 보세요.

본문에서 인용한 넬 어빈 페인터의 『백인의 역사』도 꼭 읽어야 할 중요한 책입니다. 페인터는 이 책에서 "인종은 사실이 아니라 관념이다"라는 주장을 지난 2,000년 동안 '백인'이라는 관념이 만들어지는 과정을 추적하면서 보여 줍니다.

함께 참고할 인종주의의 실체를 파악하기에 좋은 책으로는 로버트 월드 서스먼의 『인종이라는 신화』(2014)도 있습니다. 서스먼의 정리를 따라서 인종을 둘러싼 차별과 혐오의 역사를 살피다 보면, 새삼 우리와 한국 사회를 돌아보게 됩니다. 이 주제는 6장(『제노사이드』)에서 다른 각도로 다시 살펴봅니다.

BOOK LIST
- 앤지 토머스, 『**당신이 남긴 증오**』, 공민희 옮김, 걷는나무, 2018.
  Angie Thomas, *The Hate U Give*, Balzer + Bray, 2017.
- 니나 자블론스키, 『**스킨**』, 진선미 옮김, 양문, 2012.
  Nina Jablonski, *SKIN*, University of California Press, 2006.
- 넬 어빈 페인터, 『**백인의 역사**』, 조행복 옮김, 해리북스, 2022.
  Nell Irvin Painter, *The History of White People*, W. W. Norton, 2010.
- 로버트 월드 서스먼, 『**인종이라는 신화**』, 김승진 옮김, 지와사랑, 2022.
  Robert Wald Sussman, *The Myth of Race*, Harvard University Press, 2014.

05. 노화의 생물학과 정치학

노화 연구의 최신 동향과 데이비드 싱클레어가 생각하는 돌파구를 살펴보려면 『노화의 종말』(2019)이 좋습니다. 다만, 이 책의 여러 내용이 그의 입장과 연구를 선택적으로 옹호하고 있다는 것에 주의를 기울여야 해요.

마침, 본문에서 언급한 벤키 라마크리슈난의 『우리는 왜 죽는가』(2024)가 좋은 균형추가 됩니다. 라마크리슈난은 이 책에서 싱클레어를 포함한 다양한 분야의 과학자가 일궈 낸 노화 과학의 최신 연구 성과를 종합하고 있습니다. 특히, 11장('미치광이일까, 선지자일까?')은 싱클레어 등을 겨냥한 강력한 비판과 반론입니다. 라마크리슈난이 결론에서 던지는 질문 '과연 영원히 살아야 할까?'는 『백년법』의 세상에서 불로장생 시술을 거부하고 살아가는 사람의 모습과도 겹칩니다.

한국의 노년의학 의사 정희원도 균형 잡힌 시각에서 지금까지 과학계와 의학계에서 쌓인 노화에 대한 연구 성과를 정리하고 나서, 개인 차원에서 또 사회적인 차원에서 노화에 어떻게 대응해야 하는지를 살핍니다. 『지속 가능한 나이듦』(2023), 『당신도 느리게 나이 들 수 있습니다』(2023)에서 이를 다루고 있죠.

한국 사회에서 '제론토크라시'를 둘러싼 쟁점은 이원재의 『아버지의 나라, 아들의 나라』(2016)를 읽으면 정리하는 데에 도움이 됩니다. 공동체 구성원이 나이가 들어 가면서 그 나이에 맞는 사회적 역할을 하는, 그래서 변화와 혁신에 둔감하지 않은 역동적인 공동체를 고민하는 사람이라면 읽어야 할 책입니다.

BOOK LIST

- 데이비드 싱클레어·매슈 러플랜트, 『**노화의 종말**』, 이한음 옮김, 부키, 2020.
  David Sinclair·Matthew LaPlante, *Lifespan*, Atria Books(US)/Thorsons(UK), 2019.
- 벤키 라마크리슈난, 『**우리는 왜 죽는가**』, 강병철 옮김, 김영사, 2024.
  Venki Ramakrishnan, *Why We Die*, William Morrow, 2024.
- 정희원, 『**지속 가능한 나이듦**』, 두리반, 2023.
- 정희원, 『**당신도 느리게 나이 들 수 있습니다**』, 더퀘스트, 2023.
- 이원재, 『**아버지의 나라, 아들의 나라**』, 어크로스, 2016.

06. 우리는 왜 우리가 되었나

인류의 진화를 놓고서 그간 쌓인 과학계의 성과를 한눈에 정리하려면 이상희의 『인류의 진화』(2023), 이상희와 윤신영의 『인류의 기원』(2015)을 살펴보세요. 네안데르탈인 연구 성과를 살피려면 레베카 랙 사익스의 『네안데르탈』(2020)과 우은진, 정충원, 조혜란의 『우리는 모두 2% 네안데르탈인이다』(2018)가 좋습니다. 스반테 페보에게 노벨상을 안긴 고유전체학의 형성 과정을 알려면 『잃어버린 게놈을 찾아서』(2014)가 도움이 됩니다.

한국인의 기원은 많은 사람이 궁금해하는 흥미로운 주제입니다. 박정재의 『한국인의 기원』(2024)은 '기후의 힘'에 주목하면서 고기후학, 고유전체학, 고고학, 언어학의 최신 성과를 갈무리해서 한국인이 어떻게 만들어졌는지 정리하고 있습니다. 이 주제에 관심 있는 사람이라면 꼭 읽어야 할 책입니다.

한국에서 자리를 잡지 못하는 외국인과 이주 노동자를 둘러싸고 불편한 질문을 던지는 책도 있습니다. 우리 식탁을 책임지고 있는 농촌 이주 노동자의 현실에 초점을 맞춘 우춘희의 『깻잎 투쟁기』(2022)는 우리가 한국에서 이주 노동자를, 즉 다름을 어떻게 배척하고 있는지 알려 줍니다. 반면, 김영화의 『미래를 먼저 경험했습니다』(2024)는 2021년 8월 아프가니스탄에서 온 157명의 난민이 울산 동구에 정착하는 과정을 보여 줍니다. 울산 시민은 그들과 어떻게 공존할 수 있었을까요?

BOOK LIST

- 이상희, 『**인류의 진화**』, 동아시아, 2023.
- 이상희·윤신영, 『**인류의 기원**』, 사이언스북스, 2015.
- 레베카 랙 사익스, 『**네안데르탈**』, 양병찬 옮김, 생각의힘, 2022.
  Rebecca Wragg Sykes, *Kindred*, Bloomsbury Sigma, 2020.
- 우은진·정충원·조혜란, 『**우리는 모두 2% 네안데르탈인이다**』, 뿌리와이파리, 2018.
- 스반테 페보, 『**잃어버린 게놈을 찾아서**』, 김명주 옮김, 부키, 2015.
  Svante Pääbo, *Neanderthal Man*, Basic Books, 2014.
- 박정재, 『**한국인의 기원**』, 바다출판사, 2024.
- 우춘희, 『**깻잎 투쟁기**』, 교양인, 2022.
- 김영화, 『**미래를 먼저 경험했습니다**』, 메멘토, 2024.

07. 감시 사회의 민낯

빅데이터 시대의 프라이버시 침해를 둘러싼 쟁점을 살펴보기 좋은 책은 브루스 슈나이어의 『당신은 데이터의 주인이 아니다』(2015)입니다. 이와 더불어 『감시국가』(2014)를 읽으면 '감시 사회'를 둘러싼 쟁점을 놓고서 다양한 견해를 두루 살필 수 있어요. 이 책은 2014년 5월 2일 캐나다 토론토에서 진행한 열세 번째 '멍크 디베이트(Munk Debates)' 토론을 지상중계한 것입니다.

오늘날 감시 국가의 모습이 가장 적나라하게 드러난 곳은 중국이죠. 대런 바일러의 『신장 위구르 디스토피아』(2021)는 중국이 첨단 디지털 기술을 이용해서 신장 위구르 자치구의 무슬림 소수민족을 어떻게 감시하고 탄압하는지 고발합니다. 박민희의 『중국 딜레마』(2021) 5부('영합과 저항')와 함께 읽으면 더욱더 깊은 이해를 할 수 있습니다.

흔히 감시 사회의 미래를 놓고서 올더스 헉슬리의 『멋진 신세계』와 조지 오웰의 『1984』를 비교하곤 합니다. 똑같이 비관적이지만 강조점이 다른 두 작가의 차이는 「나가며」에서 짧게 살펴보겠습니다. 오늘날 감시 사회의 모습은 『멋진 신세계』-『1984』가 섞여 있는 훨씬 더 이해하기 복잡한 모습이랍니다.

BOOK LIST

- 브루스 슈나이어, 『**당신은 데이터의 주인이 아니다**』, 이현주 옮김, 반비, 2016
  Bruce Schneier, *Data and Goliath*, W. W. Norton, 2015.
- 마이클 헤이든·앨런 더쇼비츠·글렌 그린월드·알렉시스 오헤니언, 『**감시국가**』, 오수원 옮김, 모던타임스, 2015.
  Michael Hayden·Alan Dershowitz·Glenn Greenwald·Alexis Ohanian, *Does State Spying Make Us Safer?*, House of Anansi Press, 2014.
- 대런 바일러, 『**신장 위구르 디스토피아**』, 홍명교 옮김, 생각의힘, 2022.
  Darren Byler, *In the Camps*, Columbia Global Reports, 2021.
- 박민희, 『**중국 딜레마**』, 한겨레출판, 2021.
- 올더스 헉슬리, 『**멋진 신세계**』, 안정효 옮김, 소담출판사, 2015.
  Aldous Huxley, *Brave New World*, Chatto & Windus, 1932.
- 조지 오웰, 『**1984**』, 정회성 옮김, 민음사, 2003.
  George Orwell, *1984*, Secker & Warburg, 1949.

08. 증언 문학

이런 생각을 해 본 적이 있습니다. 일본군 '위안부'나 731 부대를 둘러싼 끔찍한 실상이 피해자-생존자의 증언 기록으로 남았더라면 어땠을까. 안타깝게도 전자는 피해자-생존자 다수가 그 기억을 숨기기로 마음먹었죠. 먹고살기에 바쁜 나머지 피해 사실을 기록으로 남길 여유도 없었고요. 알다시피, 후자는 아예 생존자 자체가 극소수였고요.

반면에 홀로코스트 생존자 가운데는 그 피해 사실을 꼼꼼한 기록으로 남긴 사례가 있습니다. 그 기록을 통해서 묻힐 뻔한 역사의 진실이 세상에 드러났죠. 무엇보다, 뒤늦게 그 증언 문학을 접한 이들은 간접적으로나마 그들이 당했던 끔찍한 고통에 감정이입 할 수 있는 소중한 기회를 얻었습니다. 무엇보다도 이런 증언 문학을 통해서 그 피해자-생존자도 일부나마 마음의 상처를 치유하는 데에 도움이 되었겠죠.

홀로코스트 생존자의 증언 문학 가운데 최고는 본문에서 소개한 프리모 레비의 『이것이 인간인가』입니다. 『이것이 인간인가』를 읽고 나서는 꼭 그가 쓴 『주기율표』(1975)도 함께 읽기를 권합니다. 『주기율표』는 전쟁이 끝나고 나서 일상으로 돌아온 지 30년이 지난 1975년에 그가 쓴 회고록입니다. 제목이 '주기율표'인 이유는 그가 주기율표의 원소 가운데 스물한 개를 선택해서 각 장의 출발점으로 삼았기 때문이죠. 레비의 삶과 생각 또 마지막을 다룬 책으로는 재일 지식인 서경식의 『시대의 증언자 쁘리모 레비를 찾아서』(2006)가 좋습니다. (레비의 유족은 여전히 1987년 4월 11일의 죽음을 사고사라고 믿고 있습니다. 역사의 진실을 찾는 일은 이처럼 어렵습니다.)

BOOK LIST

- 프리모 레비, 『**이것이 인간인가**』, 이현경 옮김, 돌베개, 2007.
  Primo Levi, *Se questo è un uomo*, Francesco De Silva, 1947.
- 프리모 레비, 『**주기율표**』, 이현경 옮김, 돌베개, 2007.
  Primo Levi, *Il sistema periodico*, Einaudi, 1975.
- 서경식, 『**시대의 증언자 쁘리모 레비를 찾아서**』, 창비, 2006.

09. 지방 소멸

일본 작가 요네자와 호노부의 『I의 비극』(2019)은 6년 전 혼자 남았던 노인이 떠나고 나서 버려진 빈 마을을 되살리는 과정에서 벌어지는 해프닝을 그린 소설입니다. 전국 곳곳에서 이 마을에서 살겠다고 모여든 가족이 오래 버티지 못하고 떠나는 이야기죠.

마강래의 『지방 도시 살생부』(2017)는 '지방 소멸'을 둘러싼 다양한 문제를 깊이 있게 다루면서, 『I의 비극』같은 시도가 왜 성공할 수 없는지를 설명하고 깜짝 놀랄 만한 대안을 제시합니다. 쪼그라드는 지방 문제를 고민하는 사람이라면 가장 먼저 읽어야 할 책입니다.

본문에서 언급한 GM 자동차 공장이 사라지고 나서 미국 위스콘신주 제인스빌에서 일어난 일을 자세히 파악하려면 에이미 골드스타인의 『제인스빌 이야기』(2017)를 읽어야 합니다. 또 방준호의 『실직 도시』(2021)는 '기업'과 '공장'이 사라지고 나서 군산 사람에게 벌어진 일을 들려줍니다.

한국 사회의 불평등 문제를 중산층에 초점을 두고서 깊이 있게 이해하려면 본문에서도 언급한 리처드 리브스의 『20 VS 80 사회』(2017)가 좋은 선택지입니다. 이 책은 주로 미국 사회에 초점을 맞추고 있죠? 비슷한 문제의식으로 한국 사회를 들여다본 책은 조귀동의 『세습 중산층 사회』(2020)입니다.

BOOK LIST

- 요네자와 호노부, 『**I의 비극**』, 문승준 옮김, 내친구의서재, 2024.
  米澤穗信, I の悲劇, 文藝春秋, 2019.
- 마강래, 『**지방 도시 살생부**』, 개마고원, 2017.
- 에이미 골드스타인, 『**제인스빌 이야기**』, 이세영 옮김, 세종, 2019.
  Amy Goldstein, *Janesville*, Simon & Schuster, 2017.
- 방준호, 『**실직 도시**』, 부키, 2021.
- 리처드 리브스, 『**20 VS 80 사회**』, 김승진 옮김, 민음사, 2019.
  Richard Reeves, *Dream Hoarders*, Brookings Institution Press, 2017.
- 조귀동, 『**세습 중산층 사회**』, 생각의힘, 2020.

10. 베트남전쟁

『영원한 전쟁』과 함께 비엣 타인 응우옌의 소설 『동조자』(2015)를 함께 읽기를 권합니다. 2016년 퓰리처상을 받은 이 작품은 베트남전쟁이 끝나고 나서 사이공(호찌민)을 구사일생으로 탈출한 이들의 모습을 그립니다. 전쟁터에서는 벗어났지만, 그들은 결코 전쟁을 극복할 수 없어요. 일단 전쟁이 시작하면, 그것은 영원한 전쟁이 되니까요. 『동조자』는 박찬욱 감독이 연출하고 로버트 다우니 주니어가 출연하는 7부작 드라마 〈동조자〉(2024)로도 만들어졌습니다.

한국에서도 베트남전쟁에 참전했던 작가가 쓴 소설이 있습니다. 흔히 대표작으로 꼽는 두 작품이 황석영의 『무기의 그늘』(1985)과 안정효의 『하얀 전쟁』(1989)입니다. 『무기의 그늘』은 베트남전쟁의 추악한 진실을 폭로하는 데에 초점을 맞췄고, 『하얀 전쟁』은 끔찍한 전쟁의 실상과 그곳에서의 상처를 평생 지고 살아가야 할 생존자를 그렸죠. 개인적으로 이 두 소설을 합쳐 놓은 작품이 『영원한 전쟁』이라고 생각합니다.

『영원한 전쟁』의 또 다른 변주는 2015년 노벨 문학상 수상자 스베틀라나 알렉시예비치가 1983년에 펴낸 『전쟁은 여자의 얼굴을 하지 않았다』를 통해서도 생생하게 접할 수 있습니다. 참, 그러고 보니 2024년 노벨 문학상을 받은 한강 작가를 세계적으로 유명하게 만든 『채식주의자』(2000)에서 베트남전쟁의 흔적을 찾아볼 수 있습니다. 그 소설에 등장하는 주인공(영혜)에게 폭력을 행사하는 아버지가 바로 베트남 참전 국군입니다("내가 월남에서 베트콩 일곱을……").

본문에서 소개한 과학자 오펜하이머의 삶과 그 의미를 파악하려면 영화 〈오펜하이머〉의 원작 『아메리칸 프로메테우스』(2003)를 읽어야 합니다. 1945년 8월 히로시마와 나가사키에 떨어진 핵폭탄 만들기를 둘러싼 온갖 자초지종을 자세하게 살피려면 역사학자 리처드 로즈의 『원자폭탄 만들기』(1986)가 최고의 선택지입니다.

BOOK LIST
- 비엣 타인 응우옌,『**동조자**』, 김희용 옮김, 민음사, 2023.
  Viet Thanh Nguyen, *The Sympathizer*, Grove Press, 2015.
- 황석영,『**무기의 그늘 상~하**』, 창비, 2006.
  황석영,『**무기의 그늘 상~하**』, 형성사, 1985-1986.
- 안정효,『**하얀 전쟁**』, 고려원, 1989.
- 스베틀라나 알렉시예비치,『**전쟁은 여자의 얼굴을 하지 않았다**』, 박은정 옮김, 문학동네, 2015.
  Светлана Алексиевич, *У войны не женское лицо*, Мастацкая літаратура, 1985.
- 카이 버드·마틴 셔윈,『**아메리칸 프로메테우스**』, 최형섭 옮김, 사이언스북스, 2010.
  Kai Bird·Martin Sherwin, *American Prometheus*, Alfred A. Knopf, 2005.
- 리처드 로즈,『**원자폭탄 만들기 1~2**』, 문신행 옮김, 사이언스북스, 2003.
  Richard Rhodes, *The Making of the Atomic Bomb*, Simon & Schuster, 1986.

11. 전력망과 블랙아웃

국내에서도『블랙아웃』과 비슷한 시도의 작업이 있었습니다. 기후 위기, 에너지, 생태 문제에 관심이 많은 경제학자 우석훈의 소설 『당인리: 대정전 후 두 시간』(2020)입니다. 한국에서 대정전 발생 후 일어날 수 있는 일을 유럽이나 미국과 다른 국내 전력망의 특징을 염두에 두고서 살펴보려면 소설 형식의 이 책을 읽어 보는 일이 도움이 됩니다.

한국처럼 전력망의 중앙 집중도가 높은 점이 오히려 효율적이어서 장점이라고 주장할 수도 있습니다. 맞습니다. 부정하지 않겠습니다. 하지만 본문에서 브라이언 클라스가 말했듯이 이렇게 효율성만 따지면서 연결에만 치중하면 위기 상황에서 문제가 증폭되어 더 큰 재앙으로 이어질 수도 있습니다. 중앙 집중도를 낮추면, 즉 전력망의 지역 분산을 시도하면 효율성은 다소 낮아지더라도 전국적인 정전 가능성은 낮아지죠. 클라스의 주장을 자세히 살펴보려면 그의 통찰력 있는 저서 『어떤 일은 그냥 벌어진다』(2024)를 참고하세요.

현대 전력망을 둘러싼 여러 문제를 깊이 있게 이해하려면 그레천 바크의 『그리드』(2016)를 읽어야 합니다. 미국을 중심으로 20세기 전력망의 형성 과정을 살필 수 있을뿐더러, 이것을 둘러싼 현재의 중요한 고민거리도 짚습니다. 역자(김선교, 전현우, 최준영)의 「옮긴이 해제」는 한국 전력망에 대한 아주 좋은 브리핑입니다.

BOOK LIST

- 우석훈, 『**당인리**』, 해피북스투유, 2020.
- 브라이언 클라스, 『**어떤 일은 그냥 벌어진다**』, 김문주 옮김, 웅진지식하우스, 2024.
  Brian Klaas, *Fluke*, Scribner, 2024.
- 그레천 바크, 『**그리드**』, 김선교·전현우·최준영 옮김, 동아시아, 2021.
  Gretchen Bakke, *The Grid*, Bloomsbury USA, 2016.

12. 물 문제

물을 둘러싼 문제를 제대로 파악하려고 할 때 꼭 기억해야 할 과학자는 피터 글릭입니다. 그는 1987년부터 자기가 설립한 태평양연구소 The Pacific Institute에서 물을 둘러싼 다양한 문제와 해법을 궁리하고 있습니다.

글릭이 진단한 최근의 물 문제를 한눈에 파악하려면 『The Three Ages of Water』(2023)가 좋습니다. 이 책은 『물의 세 시대』로 국내에서도 번역되었습니다. 1956년생으로 이제 70대를 앞둔 저자가 40년에 가까운 연구 성과를 종합해서 현실의 물 문제를 진단하고 해법을 내놓은 책이죠.

글릭은 2010년에 『Bottled and Sold』를 펴내서 생수 열풍 뒤에 숨은 문제도 폭로했죠. 이 책도 『생수, 그 치명적 유혹』으로 소개되었는데, 현재는 구하기 어렵습니다. 이 책과 함께 생수 열풍이 어떻게 시작되었고, 무슨 문제가 있는지를 살피기 좋은 책은 엘리자베스 로이트의 『보틀마니아』(2008)입니다.

『물의 세 시대』와 함께 물을 둘러싼 문제를 파악하기 좋은 다른 책으로 찰스 피시먼의 『거대한 갈증』(2011)이 있습니다. 『물의 세 시대』가 물 문제를 한눈에 파악하기 좋다면, 『거대한 갈증』은 현장으로 들어가서 구체적으로 어떤 문제가 나타나는지를 생생히 보여주면서 해법을 고민하게 만듭니다.

지구 가열이 초래하는 기후 위기, 특히 해수면 상승이 우리 삶에 미칠 영향을 파악하려면 제프 구델의 『물이 몰려온다』(2017)가 최고의 선택지입니다. 물, 기후 위기, 해수면 상승 등과 직결되는 심각한 문제가 먹을거리 위기죠. 기후 위기와 먹을거리 문제를 살피려면 윤지로의 『탄소로운 식탁』(2022)이 좋습니다.

BOOK LIST

- 피터 글릭, 『**물의 세 시대**』, 물경제연구원 옮김, 세종연구원, 2024.
  Peter Gleick, *The Three Ages of Water*, PublicAffairs, 2023.
- 피터 글릭, 『**생수, 그 치명적 유혹**』, 환경운동연합 옮김, 추수밭, 2011.
  Peter Gleick, *Bottled and Sold*, Island Press, 2010
- 엘리자베스 로이트, 『**보틀마니아**』, 이가람 옮김, 사문난적, 2009.
  Elizabeth Royte, *Bottlemania*, Bloomsbury, 2008.
- 찰스 피시먼, 『**거대한 갈증**』, 김현정·이옥정 옮김, 생각연구소, 2011.
  Charles Fishman, *The Big Thirst*, Free Press, 2011.
- 제프 구델, 『**물이 몰려온다**』, 박중서 옮김, 북트리거, 2021.
  Jeff Goodell, *The Water Will Come*, Little, Brown and Company, 2017.
- 윤지로, 『**탄소로운 식탁**』, 세종, 2022.

13. 과학기술과 사회의 관계

이 장의 문제의식은 1996년에 읽었던 논문 한 편에서 시작합니다. 과학기술과 사회의 상호작용을 연구하는 역사학자 데이비드 프랭클린 노블David Franklin Noble의 「기계 설계에서의 사회적 선택: 자동 제어 공작 기계의 사례Social choice in machine design: the case of automatically controlled machine tools」입니다. 이 논문의 주요 내용은 『세 바퀴로 가는 과학 자전거』(2006)에 소개했습니다.

2016년 '알파고'로 AI와 로봇이 주목받으면서 말과 글을 통해서 여러 차례 생각을 정리할 기회가 있었어요. 나중에 나온 칼 베네딕트 프레이의 『테크놀로지의 덫』(2019)과 대런 아세모글루와 사이먼 존슨이 2023년에 펴낸 『권력과 진보』도 똑같은 문제의식을 담고 있습니다. 이 장의 생각을 풍부한 사례로 확인하려면 이 두 책이 도움이 됩니다.

기계화, 자동화에 대한 경제학자 일반의 낙관적인 시각은 『장하준의 경제학 레시피』(2023) 16장(「딸기」)을 염두에 뒀습니다. 이 책은 비판적 경제학의 중요한 아이디어를 한눈에 살피기에 좋습니다. 다만, 16장에서 제시한 생각은 동의할 수가 없어서 이 장에서 비판의 재료로 써 봤습니다.

BOOK LIST

- 강양구, 『**세 바퀴로 가는 과학 자전거**』, 뿌리와이파리, 2006.
- 칼 베네딕트 프레이, 『**테크놀로지의 덫**』, 조미현 옮김, 에코리브르, 2019.
  Carl Benedikt Frey, *The Technology Trap*, Princeton University Press, 2019.
- 대런 아세모글루·사이먼 존슨, 『**권력과 진보**』, 김승진 옮김, 생각의힘, 2023.
  Daron Acemoglu·Simon Johnson, *Power and Progress*, PublicAffairs, 2023.
- 장하준, 『**장하준의 경제학 레시피**』, 김희정 옮김, 부키, 2023.
  Ha-Joon Chang, *Edible economics*, Public Affairs, 2023.

14. 디지털 시대, 연결의 폐해

디지털 시대의 연결이 주는 폐해를 지적한 책은 많습니다. 특히 재런 러니어는 『지금 당장 당신의 SNS 계정을 삭제해야 할 10가지 이유』(2019)에서 실리콘밸리의 내부자로서 이 문제를 통렬하게 고발합니다. 이 책을 읽고 나면, 당장 SNS 계정을 삭제하고 싶은 마음이 들죠.

러니어의 영향을 받아서 좀 더 최근에 나온 책 가운데는 요한 하리의 『도둑맞은 집중력』(2022)과 찰스 아서의 『소셜 온난화』(2021)를 추천합니다. 이 두 책은 그동안 나온 연구 성과를 종합하고 최근 상황을 소개하면서 원인을 분석하고 대안까지 내놓고 있어요.
『도둑맞은 집중력』은 '집중력'을 중심에 놓고 디지털 시대에 우리가 무엇을 잃었는지를 짚고서, 그 진짜 이유를 추적합니다. 『소셜 온난화』도 우리가 '연결'되면 좋은 결과가 나타나리라는 낙관이 어떻게 배신당했고, 그것이 공동체를 어떻게 망가뜨리고 있는지 고발합니다. 두 책 모두 소셜미디어 플랫폼을 운영하는 거대 테크 기업에 날을 세우고 있습니다.

BOOK LIST

- 재런 러니어, **『지금 당장 당신의 SNS 계정을 삭제해야 할 10가지 이유』**, 신동숙 옮김, 글항아리, 2019.
Jaron Laniar, *Ten Arguments for Deleting Your Social Media Accounts Right Now*, Picador, 2019.
- 요한 하리, **『도둑맞은 집중력』**, 김하현 옮김, 어크로스, 2023.
Johann Hari, *Stolen Focus*, Crown/Bloomsbury Publishing, 2022.
- 찰스 아서, **『소셜 온난화』**, 이승연 옮김, 위즈덤하우스, 2023.
Charles Arthur, *Social Warming*, Oneworld Publications, 2021.

15. 지적 생명체에 관하여

이번 장을 읽고 나서 꼭 봐야 할 다큐멘터리 영화가 있습니다. 2021년 아카데미상(장편 다큐멘터리 부문)을 받은 〈나의 문어 선생님 My Octopus Teacher〉(2020)입니다. 이 다큐멘터리를 함께 보면 본문에서 언급한 대로 문어를 전혀 다른 눈으로 바라볼 수 있습니다. 문어가 얼마나 똑똑한지, 인간과 어떻게 교감하는지, 또 문어를 노리는 포식 동물이 얼마나 집요한지 등을 다큐멘터리로 확인할 수 있습니다(문어에게 잡아먹히는 게에게도 감정 이입해 보세요!).
이 영화를 보고서 문어에 더 관심이 생긴다면 본문에서 언급한 사이 몽고메리의 『문어의 영혼』과 피터 고프리스미스의 『아더 마인즈』를 읽을 차례입니다. 한 가지 당부하자면, 다큐멘터리와 이 책들을 읽으면 정말로 문어를 더는 먹지 못할 수도 있습니다. 마치 반려견을 먹지 못하는 것처럼요!

우주생물학의 연구 주제를 한눈에 파악하려면 『외계 생명체에 관해 과학이 알아낸 것들』(2016)이나 다섯 명의 국내 과학자가 함께 쓴 『외계 생명체 탐사기』(2015)가 좋습니다. 본격적으로 우주생물학을 살펴볼 욕심이 난다면 제프리 베넷의 『우리는 모두 외계인이다』(2008), 폴 데이비스의 『침묵하는 우주』(2010) 등도 추천할 만한 읽을거리입니다.

BOOK LIST

- 사이 몽고메리, 『**문어의 영혼**』, 최로미 옮김, 글항아리, 2017.
  Sy Montgomery, *The Soul of an Octopus*, Atria Books, 2015.
- 피터 고프리스미스, 『**아더 마인즈**』, 김수빈 옮김, 이김, 2019.
  Peter Godfrey-Smith, *Other Minds*, Farrar, Straus and Giroux, 2016.
- 짐 알칼릴리 엮음, 『**외계 생명체에 관해 과학이 알아낸 것들**』, 고현석 옮김, 반니, 2021.
  Jim Al-Khalili(ed.), *Aliens*, Profile Books, 2016.
- 이강환·이유경·이명현·문경수·최준영, 『**외계 생명체 탐사기**』, 서해문집, 2015.
- 제프리 베넷, 『**우리는 모두 외계인이다**』, 이강환·권채순 옮김, 현암사, 2012.
  Jeffrey Bennett, *Beyond UFOs*, Princeton University Press, 2008.
- 폴 데이비스, 『**침묵하는 우주**』, 문홍규·이명현 옮김, 사이언스북스, 2019.
  Paul Davies, *The Eerie Silence*, Houghton Mifflin Harcourt, 2010.

16. 우주개발의 이모저모

현재 우주개발 상황을 한눈에 파악하기에는 황정아의 『우주 미션 이야기』(2022)가 좋습니다. 저자는 2003년 발사한 국내 인공위성(과학기술위성 1호)부터 시작해서 2023년 누리호에 실려서 궤도로 올라간 세계 최초로 편대비행 하는 인공위성 도요샛(영문명 SNIPE) 개발까지 함께한 과학자죠.
본문에서 지구 밖 우주에서 끊임없이 쏟아지는 우주방사선을 이야기했었죠? 이 우주방사선의 이모저모를 파악하기 좋은 책도 황정아의 『우주 날씨 이야기』(2019)입니다. 특히 이 책의 5장(「생명을 위협하는 우주방사선」)을 읽으면 우주방사선의 위험성을 강조한 이유를 알 수 있을 거예요.
스페이스X, 블루오리진과 같은 민간 우주개발 기업의 경쟁 과정을 보려면 크리스천 데이븐포트의 『타이탄』(2018)을 추천합니다. 우주에서 살아가기가 얼마나 힘든지를 알려면 경험자의 목소리에 귀를 기울여야죠. 네 번의 우주 비행으로 53일간 우주에서 체류했던 톰 존스의 『우주에서 살기, 일하기, 생존하기』(2016)가 있습니다.

BOOK LIST
- 황정아, **『우주 미션 이야기』**, 플루토, 2022.
- 황정아, **『우주 날씨 이야기』**, 플루토, 2019.
- 크리스천 데이븐포트, **『타이탄』**, 한정훈 옮김, 리더스북, 2019.
  Christian Davenport, *The Space Barons*, PublicAffairs, 2018.
- 톰 존스, **『우주에서 살기, 일하기, 생존하기』**, 승영조 옮김, 북트리거, 2017.
  Tom Jones, *Ask the Astronaut*, Smithsonian Books, 2016.

17. 나비효과의 과학과 사회학

카오스이론을 설명하는 가장 좋은 책은 과학 고전으로 자리매김한 제임스 글릭의 1987년 데뷔작 『카오스』(1987)입니다. 과학 고전으로서 『카오스』의 의의를 소개하는 짧은 글은 『강양구의 강한 과학』(2021)에서도 확인할 수 있습니다.
혹시 11장(『블랙아웃』)에서 소개했던 브라이언 클라스의 『어떤 일은 그냥 벌어진다』가 기억나나요? 이 책도 카오스이론을 중요하게 언급하면서 현대 사회에서 명백한 원인과 결과에 집착하면서 섣부른 예측을 시도하는 일이 사실상 불가능할뿐더러 얼마나 위험한 일인지를 지적합니다.

글머리에 인용한 마틴 셔윈의 인터뷰는 『아메리칸 프로메테우스』(2005) 한국어판 출간을 계기로 진행했어요. 제2차 세계대전 직전이었던 1938~1939년에 오토 한$^{Otto Hahn}$과 물리학자가 핵분열 원리를 세상에 알리는 데에 신중했다면 핵폭탄이 전쟁 중에 등장하지 않았을 수도 있었을지를 묻자, 셔윈은 그렇게 대답을 시작했습니다. 인터뷰 전문은 2010년 8월 6일 《프레시안》에 실렸습니다 (「핵에 홀린 한반도…"지금 우리는 모두 '개자식'이다!"」).

인터뷰 전문

BOOK LIST

- 제임스 글릭, 『**카오스**』, 박래선 옮김, 동아시아, 2013.
  James Gleick, *Chaos*, Viking Books, 1987.
- 강양구, 『**강양구의 강한 과학**』, 문학과지성사, 2021.
- 브라이언 클라스, 『**어떤 일은 그냥 벌어진다**』, 김문주 옮김, 웅진지식하우스, 2024.
  Brian Klaas, *Fluke*, Scribner, 2024.
- 카이 버드·마틴 셔윈, 『**아메리칸 프로메테우스**』, 최형섭 옮김, 사이언스북스, 2010.
  Kai Bird·Martin Sherwin, *American Prometheus*, Alfred A. Knopf, 2005.

18. 인공 자궁을 상상하다

인공 자궁을 그린 가장 유명한 소설은 본문에서도 언급한 올더스 헉슬리의 『멋진 신세계』입니다. 무라타 사야카의 『소멸 세계』 말고도 정지돈의 『브레이브 뉴 휴먼』(2024)도 인공 자궁이 등장한 가까운 미래 한국 사회의 모습을 그립니다. 『멋진 신세계』, 『소멸 세계』, 『브레이브 뉴 휴먼』을 비교하면서 읽어도 흥미롭습니다.

매년 노벨 문학상 후보로 꼽히는 캐나다 작가 마거릿 애트우드가 1985년에 발표한 『시녀 이야기』도 언급하고 싶습니다. 『시녀 이야기』는 지금의 미국에 세워진 전체주의 국가 '길리어드'를 배경으로, 여성을 단지 '자궁'을 가진 생식 도구로만 인식하는 세계를 상상해 본 SF 고전입니다. 『시녀 이야기』에 인공 자궁이 결합하면 어떻게 될까요?

본문에서 언급한 인공 자궁을 둘러싼 다양한 쟁점은 제니 클리먼의 『AI 시대, 본능의 미래』(2020)의 3부(「탄생의 미래」)에서 자세하게 살필 수 있습니다. 인터넷에서 'artificial womb'을 검색하면 2021년 이후 인공 자궁을 놓고서 진행 중인 중요한 연구 성과도 확인이 가능합니다.

2022년 12월 9일에는 예멘의 분자생물학자이자 과학 커뮤니케이터인 유튜버 하셈 알가일리 Hashem Al-Ghaili가 가까운 미래에 인공 자궁으로 아이를 키우는 공장을 상상해 본 영상 '엑토라이프: 세계 최초 인공 자궁 시설(EctoLife: The World's First Artificial Womb Facility)'을 공개해서 충격도 줬습니다. 동영상 속 이 아기 공장에서는 매년 약 3만 명의 아이가 만들어집니다.

인공 자궁 시설 영상

BOOK LIST

- 올더스 헉슬리, 『멋진 신세계』, 안정효 옮김, 소담출판사, 2019.
  Huxley, Aldous, *Brave New World*, Chatto & Windus, 1932.
- 정지돈, 『브레이브 뉴 휴먼』, 은행나무, 2024.
- 마거릿 애트우드, 『시녀 이야기』, 김선형 옮김, 황금가지, 2018.
  Atwood, Margaret, *The Handmaid's Tale*, McClelland and Stewart, 1985.
- 제니 클리먼, 『**AI 시대, 본능의 미래**』, 고호관 옮김, 반니, 2020.
  Kleeman, Jenny, *Sex Robots & Vegan Meat*, Pan Macmillan, 2020.

• 나가며 •

이 세계가 망가지기 전에 무엇이라도

이 책의 시작은 2009년 8월의 더운 여름날이었습니다. 그즈음 저는 미디어 비평가 닐 포스트먼^{Neil Postman}이 1985년에 펴낸 『Amusing Ourselves to Death』(한국어판 『죽도록 즐기기』)를 뒤늦게 읽던 참이었습니다. 그는 이 책에서 올더스 헉슬리의 『멋진 신세계』와 조지 오웰의 『1984』를 대비하면서 20세기 초중반 SF가 그렸던 디스토피아와 현실을 비교했죠. 과학기술이 인간과 사회에 미치는 영향에 관심을 두고 있던 제게, 포스트먼의 책은 깊이 있는 통찰을 안겨 주었습니다.

마침 오웰이 『1984』에서 그렸던 미래 사회의 시간이 1984년이었으니, 포스트먼이 책을 펴낸 시점도 적절했습니다. 포스트먼은 이 책에서 "오웰이 아니라 헉슬리가 옳았다"고 선언합니다. 당시만 하더라도 지금처럼 소셜미디어가 활발하던 때는 아니었습니다. 하지만 저는 직감적으로 포스트먼이 고전 SF에서 우리 앞에 닥친 문제를 날카롭게 포착했음을 알아챘습니다. 감시와 폭력이 아닌, 정보와 오락의 홍수야말로 민주주의를 잠식하는 진짜 위험임을 그는 설득력 있게 주장했습니다.

> 오웰은 우리가 ['빅 브라더'로 상징되는] 외부의 억압에 지배당할 것이라고 경고했다. 그러나 헉슬리의 미래에서는 빅 브라더가 인간의 자율성, 성숙함, 그리고 역사를 빼앗을 필요가 없다. 헉슬리는 사람들이 스스로 자기를 억압하는 권력을 환영하고, 자기 사고력을 무력화하는 기술을 숭배할 것이라고 보았다.
> 오웰은 책을 금지하는 자를 두려워했다. 헉슬리는 책을 읽고 싶어 하는 사람이 아무도 없어서 굳이 책을 금지할 이유가 없어지는 상황을 두려워했다. 오웰은 정보를 통제하는 상황을 두려워했다. 헉슬리는 정보 과잉으로 우리가 수동적이고 이기적인 존재로 전락하는 상황을 두려워했다. 오웰은 진실이 은폐될 것을 두려워했다. 헉슬리는 진실이 무관심의 바다에 빠지는 것을 두려워했다. (…) [언젠가 헉슬리가 말했듯이] 『1984』에서는 사람들에게 고통을 가해서 통제한다. 하지만 『멋진 신세계』에서는 즐길 거리를 쏟아부어 사람들을 통제한다. 요약하면, 오웰은 우리가 증오하는 것이 우리

를 파멸시킬 것이라고 두려워했다. 헉슬리는 우리가 좋아서 집착하는 것이 우리를 파멸시킬 것이라고 두려워했다.
오웰이 아니라 헉슬리가 옳았다.

— 닐 포스트먼, 『Amusing Ourselves to Death』(직접 번역, Penguin Books, 2005) '서문(Foreword)' 중에서

그 시점에 이런 통찰을 되새긴 사람은 저뿐만이 아니었습니다. 거의 비슷한 시점이었던 2009년 5월에 오스트레일리아의 만화가 스튜어트 맥밀런Stuart McMillen도 앞에서 인용한 내용을 짧은 만화로 그려서 화제가 되었죠(「Amusing Ourselves to Death: Huxley vs Orwell」). 전 세계 곳곳에서 앞으로 올 망가질 게 뻔한 세계를 걱정하는 목소리가 높아지고 있었습니다.

그때 생각했습니다. 『멋진 신세계』나 『1984』 외에도 망가진 미래를 그리는 SF는 한두 편이 아닙니다. 18장에서 짧게 언급한, 역시 1985년에 발표한 마거릿 애트우드의 『시녀 이야기』도 곧바로 떠올랐습니다. 마침, 당시에는 '신종 플루'라고 불렸던 H1N1 인플루엔자 바이러스가 전 세계적으로 유행하던 때라서 3장에서 언급했던 스티븐 킹의 『스탠드』도 생각났죠.

과학기술 시민운동에 몸담았던 대학생 때 그리고 기자 생활을 하는 내내 과학기술과 사회의 상호작용에 관심을 쏟아 왔던 터라서 호기심도 생겼습니다. SF가 상상력으로 그려 낸, 특히 과학기술과

사회가 부딪치면서 생기는 다양한 문제를 포착해서 정리해 볼 수도 있겠다 싶었죠.

그렇게 구상하고서 15년간 한 권, 두 권 SF를 읽으면서 고민하고 공부했던 내용을 엮은 책이 바로 『망가진 세계에서 우리는』입니다. 애초 앞서 펴냈던 『세 바퀴로 가는 과학자전거』, 『수상한 질문, 위험한 생각들』, 『강양구의 강한 과학: 과학 고전 읽기』처럼 청소년 독자를 염두에 두고 초고를 썼습니다. 하지만 쓰고 보니 오히려 기성세대가 먼저 고민해야 할 질문입니다.

1장부터 18장까지 열여덟 편의 SF로 살펴본 지금 혹은 가까운 미래에 우리 앞에 닥칠 여러 문제 가운데 마법사가 지팡이를 휘두르듯 단숨에 해결할 수 있는 것은 하나도 없습니다. 수많은 문제가 서로 얽혀 있습니다. 또 그것을 해결하기 위해서는 다양한 맥락을 고려하고, 어쩔 수 없이 중요한 공동체의 서로 다른 이해관계를 조율하는 일도 필수입니다.

망가진 세계를 상상하는 SF를 읽어 보는 일의 가치가 바로 이 대목에 있습니다. 올더스 헉슬리도, 조지 오웰도, 마거릿 애트우드도, 심지어 세계의 몰락을 바라는 악마나 미친 살인마가 등장하는 소설을 즐겨 쓰는 스티븐 킹도 세계가 실제로 망가져서 인류의 미래가 디스토피아가 되는 일을 바라지 않습니다(17장에서 언급한 『빌리 서머스』와 『11/22/63』을 보세요).

그들 작가가 망가진 세계를 상상하는 일은 오히려 그런 세계를 미리 막아 보려는 안간힘입니다. 한 명의 독자라도 SF를 읽고서 '아, 세상이 이렇게 망가져서는 안 되겠구나.' 하면서 고민하고, 선택하고, 실천하는 일을 부추긴다는 점에서, 또 그런 움직임이 하나둘씩 시작되면 세상이 좀 더 나아질 수 있다고 믿는다는 점에서 그들은 오히려 따뜻한 낙관주의자입니다.

저도 마찬가지입니다. 재주가 없어서 망가진 세계를 상상하는 SF를 내놓지는 못하지만, 위대한 작가가 펼쳐 놓은 상상력의 결과물에 꼼꼼하게 주석을 달고, 그들이 미처 포착하지 못한 사실을 드러내고, 부족하나마 성찰을 덧붙였습니다. 한 줄, 한 줄 글을 쓰면서 세상이 망가지기보다는 좀 더 나아지기를 간절하게 바라면서요.

이 책을 쓰는 동안 문득문득 생각나는 분이 있었습니다. 2020년 6월 25일 감염병 팬데믹이 한창이던 때에 황망하게 세상을 뜬 《녹색평론》의 고(故) 김종철 선생님입니다. 선생님께서 마지막에 남긴 말씀 가운데 이런 말이 있습니다. "이 세계가 망해 가는 대로 내버려두기엔 너무 아깝습니다."

맞습니다. 이 세계가 망가지기 전에 무엇이라도 해야 합니다. 이 책이 여러분 마음 한구석에 품고 있는 그런 용기를 불러내는 주문이 될 수 있다면 좋겠습니다.

• 감사의 말 •

망가진 세계에서
함께하는 벗들에게

"우리는 자기 자신이 있고 그다음에 그로부터 비롯된 가깝고 먼 온갖 관계들이 있는 것이라고 생각하기 쉽다. 그러나 실은 그렇지 않다. 그것은 동시적인 것이다. 우리는 관계 속에서 태어나고, 관계 속으로 던져지며, 관계 위에 존립해 있다. 관계에 앞서 자아가 선재(先在)해 있는 것이 아니다. 나는 곧 관계다."

— 이수태, 『어른 되기의 어려움』(바오, 2012), 227쪽

책을 낼 때마다 꼭 되짚어 보는 말입니다. 이번 책도 마찬가지입니다. 망가진 세계에서 함께하는 이들이 없었다면 저 개인뿐만 아니라 이 책도 나오지 못했을 겁니다. 지금 여기서 저와 관계를 맺으

면서 삶을 함께 만들어 가는 여러분에게 깊은 감사의 마음을 전하면서 특별히 이름을 언급합니다.

공교롭게도 2024년 2월 이 책의 본문을 마감하자마자 제가 일하는 공장(TBS)이 격랑에 휘말렸습니다. 공동체에 꼭 필요한 방송을 유지하고 또 동료의 일터를 지키고자 고군분투하는 과정에서 함께했던 여러분에게 이 책을 나누고 싶습니다. 특히 김설, 김연수, 김주인, 조주연, 한경희에게 고맙습니다.

이번 책을 기획하고 집필하는 과정은 2017년 1월부터 현재까지 방송 중인 'YG와 JYP의 책걸상'을 함께한 시기와 겹칩니다. 공동 진행자이자 든든한 조언자인 JYP(박재영), 그리고 영원한 책걸상의 지킴이 '독지가' 여러분이 있었기에 이 책이 나올 수 있었습니다. 감사합니다.

조금 과장하자면 제 인생에서 가장 힘들었던 1년 6개월을 버티는 데에는 매일 점심마다 조용한 사무실에서 읽었던 벽돌 책이 도움이 되었습니다(딱 한 권만 꼽으라면 『앨버트 허시먼』). 온라인 독서 플랫폼 '그믐(gmeum.com)'에서 한 달에 한 권씩 벽돌 책을 함께 읽었던 여러분, 그리고 이렇게 멋진 공간을 열어 준 김새섬, 장강명에게 감사와 위로와 응원을 보냅니다.

지독한 감염병 팬데믹 때 인연을 맺고 나서 친구가 되어 따뜻한 지지를 보내 주는 이재갑, 정재훈. 모난 친구를 30년 가까이 보듬어 준 김종규, 박건희. 항상 격려와 응원을 해 주는 노의성, 이상곤. 호기심 넘치는 예비 독자로 이 책을 응원해 준 이하림. 이번에 두 번째 인연을 맺은 '편집자의 이데아' 김지영. 이분들이 옆에 있어서 계속 힘을 낼 수 있었습니다. 고맙습니다. 잊지 않겠습니다.

    문득 생각날 때마다 마음을 다잡게 해 주는 고(故) 김종철 선생님. 어렸을 때부터 지금까지 한결같이 아낌없는 애정을 주시는 아버지 강종석, 어머니 김경희. 여러모로 부족한 아들을 응원하시는 또 다른 어머니 최강연. 이분들께 마음 깊이 감사드립니다. 마지막으로 사랑하는 유은진, 강윤준에게 이 책을 바치고 싶습니다. 여러분과 함께라면 망가진 세계라도 다시 시작할 수 있습니다.

주

1. Hannen, Tom, "Bar Chart Race: The Most Populous Cities Through Time", Financial Times, 2019. 3. 20. [online] https://www.ft.com/video/83703ffe-cd5c-4591-9b4f-a3c087aa6d19 [접속: 2025년 5월 14일]
2. Maddison, Angus, *Contours of the World Economy 1–2030 AD*, Oxford University Press, 2007, p. 379.
3. Elvin, Mark, "The High-Level Equilibrium Trap: The Causes of the Decline of Invention in the Traditional Chinese Textile Industries", *Economic Organization in Chinese Society*, W. E. Willmott(Ed.), Stanford University Press, 1972, pp. 137–172.
4. Allen, Robert C., et al. "Wages, Prices, and Living Standards in China, 1738–1925: In Comparison with Europe, Japan, and India", *Economic History Review* vol. 64, no. 1, 2011, pp. 8–38.
5. Johnson, Richard J., Miguel A. Lanaspa, and John W. Fox., "Perspective: Upper Paleolithic Figurines Showing Women with Obesity May Represent Survival Symbols of Climatic Change", *Obesity* vol. 29, no. 1, 2020, pp. 11–15.
6. Engber, Daniel, "What Does It Mean to Say That James Watson Is 16 Percent African?", Slate, 2007. 12. 5. [online] https://slate.com/news-and-politics/2007/12/what-does-it-mean-to-say-that-james-watson-is-16-percent-african.html
7. Wang, Chen-Pin, et al. "Differential Effects of Metformin on Age-Related Comorbidities in Older Men with Type 2 Diabetes", *Journal of Diabetes*

and its Complications, vol. 31, no. 4, 2017, pp. 679–686.
8. Keys, Matthew T., et al., "Reassessing the evidence of a survival advantage in Type 2 diabetes treated with metformin compared with controls without diabetes: a retrospective cohort study", *International Journal of Epidemiology*, vol. 51, no. 6, 2022, pp.1886–1898.
9. Wei, Min, et al., "Fasting-Mimicking Diet and Markers/Risk Factors for Aging, Diabetes, Cancer, and Cardiovascular Disease", *Science Translational Medicine*, vol. 9, no. 377, 2017, eaai8700.
10. Mayer, J., and Mutchler, P., "MetaPhone: The Sensitivity of Telephone Metadata", Web Policy, 2014. 3. 12. [online] https://webpolicy.org/2014/03/12/metaphone-the-sensitivity-of-telephone-metadata/
11. Coply, Paul, *Marketing Communications Management: Concepts and Theories*, Cases and Practices, 2004. p.320.
12. Akbari, H., et al., "Towards reconstructing intelligible speech from the human auditory cortex", *Scientific Reports*, vol. 9, 2019, p. 874.
13. Partridge, Emily A., et al., "An extra-uterine system to physiologically support the extreme premature lamb", *Nature Communications*, vol. 8, 2017, Article 15112.

북트리거 일반 도서

북트리거 청소년 도서

망가진 세계에서 우리는
파국의 시대를 건너는 필사적 SF 읽기

1판 1쇄 발행일 2025년 7월 10일

지은이 강양구
펴낸이 권준구 | 펴낸곳 (주)지학사
편집장 김지영 | 편집 공승현 명준성 원동민
책임편집 김지영 | 디자인 정은경디자인
마케팅 송성만 손정빈 윤술옥 이채영 | 제작 김현정 이진형 강석준 오지형
등록 2017년 2월 9일(제2017-000034호) | 주소 서울시 마포구 신촌로6길 5
전화 02.330.5265 | 팩스 02.3141.4488 | 이메일 booktrigger@naver.com
홈페이지 www.jihak.co.kr/book-trigger | 블로그 blog.naver.com/booktrigger
페이스북 www.facebook.com/booktrigger | 인스타그램 @booktrigger

ISBN 979-11-93378-49-6 03800

* 책값은 뒤표지에 표기되어 있습니다.
* 잘못된 책은 구입하신 곳에서 바꿔 드립니다.
* 이 책의 전부 또는 일부 내용을 재사용하려면 반드시 저작권자의 사전 동의를
  받아야 합니다.

북트리거
트리거(trigger)는 '방아쇠, 계기, 유인, 자극'을 뜻합니다.
북트리거는 나와 사물, 이웃과 세상을 바라보는 시선에 신선한 자극을 주는 책을 펴냅니다.